Busch Schubert

Feuerschutz im Schiffsbetrieb

Handbuch der Feuerverhütung und Feuerbekämpfung für Seeschiffe (1939)

Busch Schubert

Feuerschutz im Schiffsbetrieb

Handbuch der Feuerverhütung und Feuerbekämpfung für Seeschiffe (1939)

ISBN/EAN: 9783954270231
Erscheinungsjahr: 2012
Erscheinungsort: Bremen, Deutschland

© maritimepress in Europäischer Hochschulverlag GmbH & Co. KG, Fahrenheitstr. 1, 28359 Bremen. Alle Rechte beim Verlag und bei den jeweiligen Lizenzgebern.

www.maritimepress.de | office@maritimepress.de

Bei diesem Titel handelt es sich um den Nachdruck eines historischen, lange vergriffenen Buches. Da elektronische Druckvorlagen für diese Titel nicht existieren, musste auf alte Vorlagen zurückgegriffen werden. Hieraus zwangsläufig resultierende Qualitätsverluste bitten wir zu entschuldigen.

Feuerschutz im Schiffsbetrieb

Handbuch der Feuerverhütung
und Feuerbekämpfung für Seeschiffe

Bearbeitet von **Kapt. Busch**
Nautischem Sachbearbeiter und Aufsichtsbeamten
der See-Berufsgenossenschaft
und
Oberbaurat Dr. Ing. Schubert
Feuerschutzpolizei Hamburg

1939

Schiffahrts-Verlag „Hansa" C. Schroedter & Co., Hamburg 11

Inhalts-Verzeichnis.

	Seite
Einleitung	9
1. Stunde: **Wesen des Feuers**	
Verbrennung	13
Selbstentzündung	15
Explosion	16
2.—3. Stunde: **Feuersgefahr und Feuerverhütung auf Schiffen**	
Allgemeines	18
Ladung	21
Wohn- und Aufenthaltsräume	29
Tankschiffe	32
Ölfeuerung und Ölmotoranlagen	35
Lichtbildwerferanlagen und Filmlager	36
4. Stunde: **Feuermeldeanlagen**	38—41
5.—6. Stunde: **Feuerlöschmittel auf Seeschiffen**	
Allgemeine Anforderungen an Löschmittel	42
Wasser	42
Trockenlöschmittel	44
Feuerlöschschaum	44
Dampf- und Gasfeuerlöschmittel	47
Dampf	48
Claytonanlage	49
Kohlensäure	50
Tetrachlorkohlenstoff	53

		Seite
7.—9. Stunde:	**Atemschutzgeräte und ihre Verwendung auf Schiffen**	
	Erklärung des technischen Aufbaues, der Arbeitsweise und der Anwendungsgebiete an Hand von Modellen, Zeichnungen und verwendungsbereiten Apparaten. (7. Stunde.)	55
	Filtergeräte	59
	Frischluftgeräte	63
	Sauerstoffgeräte	64
	Ausbildung von Geräteträgern und Unterweisung in der Behandlung und Pflege der Geräte an Hand von verwendungsbereiten Apparaten. (8. Stunde.)	71
	Praktische Übungen und Anweisungen im Verpassen von Masken und im Anlegen und Gebrauch der Geräte. (9. Stunde.)	77
10.—13. Stunde:	**Feuerlöscheinrichtungen auf Seeschiffen**	
	Kleines Löschgerät	77
	Erklärung der Wirkungsweise, des technischen Aufbaues und der Anwendungsgebiete der Handfeuerlöscher an Hand von Modellen, Schnittzeichnungen und verwendungsbereiten Apparaten. Praktische Übungen in der Kontrolle und Neufüllung der Apparate. (10. Stunde.)	77
	Wasserlöscher	79
	Trockenlöscher	81
	Tetrachlorkohlenstofflöscher	83
	Kohlensäureschneelöscher	83
	Praktische Übungen mit Handfeuerlöschern im Ablöschen von Entstehungsbränden. (11. Std.)	
	Schweres Löschgerät (12. und 13. Stunde.)	
	Wasserfeuerlöscheinrichtungen	86
	Wasserleitungen	87
	Sprinkleranlagen	90
	Schaumfeuerlöschanlagen	91
	Claytongasfeuerlöschanlagen	95
	Kohlensäurefeuerlöschanlagen	95

	Seite
14. Stunde: **Grundsätze für die Bekämpfung von Schiffsbränden:**	98
15. Stunde: **Praktische Übungen des Feuerstoßtrupps im Freien**	109
16. Stunde: **Praktische Übungen in vergasten und verqualmten Räumen**	109
17. Stunde: **Praktische Übungen im Ablöschen von Öl- und Benzinbränden**	109
18. Stunde: **Anhang**	109
Zusammenstellung bemerkenswerter Schiffsbrände	110
Grundsätze für die Prüfung als Feuerschutzmann	121
Richtlinien für die Durchführung des Feuerschutzes auf Fahrgastschiffen außerhalb der kleinen Küstenfahrt	124
Richtlinien für die Ausführung von Feuerlöschübungen	134
Brandbomben	140
Anweisungen für die Durchführung der „Ersten Hilfe"	142

Geleitwort.

Für Seeschiffe bildet das Feuer sicher eine der größten Gefahren. Auf sich selbst gestellt, muß die Besatzung sowohl mit den technischen Vorkehrungen zur Feuerverhütung als auch mit allen Mitteln zur Feuerbekämpfung vertraut sein. So ausführlich auch die Feuerschutzvorschriften sind, können sie doch nicht alle Einzelheiten der Handhabung für die Besatzung enthalten. Wir begrüßen deshalb vom Standpunkt des Schiffssicherheitswesens wie von dem der Feuerwehr die vorliegende Arbeit unserer beiden besonders erfahrenen Mitarbeiter, die der Bordbesatzung eine ausführliche Anleitung für den praktischen Feuerschutz im Schiffsbetrieb gibt. Sie sollte auf keinem Schiffe fehlen und von allen Schiffsoffizieren und Feuerschutzleuten dauernd als Handbuch benutzt werden.

Hamburg, im Januar 1939.

Sturm,
Direktor der See-Berufs-
genossenschaft.

Dr.-Ing. **Zaps,**
Oberbranddirektor und
Kommandeur der Feuerschutzpolizei Hamburg.

Vorwort der Verfasser.

Aufgabe dieses Buches ist es, die Schiffsführung über alle Fragen des Feuerschutzdienstes an Bord, die für sie von Wichtigkeit sind und für deren Behandlung sie verantwortlich ist, zu unterrichten, sowie dem Ausbildenden eines Lehrganges im Feuerschutzdienst und dem Schüler eine Grundlage zu geben für einen derartigen Lehrgang gemäß den „Grundsätzen für die Prüfung als Feuerschutzmann" und die Richtlinien für die Ausführung von Feuerschutzübungen (§§ 76 und 76a der Unfallverhütungsvorschriften der See-Berufsgenossenschaft für Dampf- und Motorschiffe vom 1. Oktober 1935 und § 27 des Anhangs II der Fahrgastschiffverordnung vom 25. Dezember 1935 — RGBl. II, S. 243 —).

Bei der Fülle des aus Beobachtungen und Erfahrungen gesammelten Materials war es nicht immer leicht, auf allen Gebieten die wünschenswerte Abgrenzung des Stoffes innezuhalten. Die Verfasser haben sich indes bei der Sichtung des Materials bemüht, das Wesentliche von dem Unwesentlichen zu trennen, da sie sich bewußt sind, daß die Ausführungen nur dann den gewollten Zweck erfüllen können, wenn sie sich auf das für den Seemann unbedingt Wissenswerte beschränken.

Das Buch ist für den Gebrauch im praktischen Schiffsbetrieb bestimmt, da bei der großen Wichtigkeit eines einwandfrei arbeitenden Feuerschutzdienstes jeder Seemann, ob Kapitän, Offizier oder Mann sich mit den hierin auch für ihn liegenden Aufgaben und Pflichten im Interesse der Erhaltung von Leben und Volksgut unbedingt vertraut machen muß. Vor allem aber muß sich eine verantwortungsbewußte Schiffsleitung auch darüber klar sein, daß die heute noch bestehenden Unzulänglichkeiten in der baulichen Feuersicherheit nicht von heute auf morgen, z. T. vielleicht überhaupt nicht, beseitigt werden können, daß aber die hierin liegende größere Gefahr für den Ausbruch und die Verbreitung eines Feuers an Bord durch zweckmäßig durchgeführte Feuerschutzübungen, Aufstellung besonderer Feuerstoßtrupps, ständig wiederholte Belehrung der Besatzung, im besonderen aber durch einen guten Wachdienst ganz wesentlich herabgemindert werden kann.

Die Gliederung des gesamten Stoffes ist unter Zugrundelegung der für eine Ausbildung in einem Lehrgang erfahrungsgemäß noch als eben ausreichend zu erachtenden Zahl von 18 Unterrichtsstunden vorgenommen worden. Es ist selbstverständlich, daß das ganze umfangreiche Gebiet des Feuerschutzes in diesen 18 Stunden nicht erschöpfend behandelt werden kann. Von dem Ausbildenden muß daher erwartet werden, daß er das von ihm den Lehrgangsteilnehmern zu vermittelnde theoretische Wissen auf das nach seinem Ermessen wichtigste beschränkt und im übrigen besonderen Wert auf die praktische Ausbildung und auf die Übungen legt. Es ist daher auch nicht erforderlich, daß in einem Lehrgang an der erfolgten Einteilung nach Stunden starr festgehalten wird. Die Verfasser haben aber geglaubt, eine derartige Einteilung, die sich in den bisherigen Lehrgängen als zweckmäßig erwiesen hat, beibehalten zu sollen, um dem Ausbildenden für seine Tätigkeit den zu behandelnden Stoff möglichst übersichtlich an die Hand zu geben und um ihn in die Lage zu versetzen, mit Rücksicht auf die beschränkte Dauer des Lehrgangs die Einzelgebiete als jeweils geschlossenen Abschnitt zu behandeln, ohne hierbei den Rahmen eines Teilgebiets unter Vernachlässigung eines anderen Teilgebiets zu überschreiten. Es muß Sache des Feuerschutzmannes bleiben, sich nach erfolgter Prüfung auch über die Gebiete eingehender zu unterrichten, die im Lehrgang unterrichtsmäßig nur gestreift werden konnten.

Auch der Schiffsleitung wird die Art der Gliederung es besser ermöglichen, bei den über Feuerschutz abzuhaltenden Belehrungsstunden, die der Einführung der gesamten Besatzung in alle Fragen des Feuerschutzes und der Vertiefung und Erweiterung der Kenntnisse der Feuerschutzleute dienen sollen, das gesamte Gebiet vortragsmäßig richtig und zweckmäßig einteilen zu können.

Die Durchsicht des Buches vom ärztlichen Standpunkt aus und die Ausführungen über die „Erste Hilfe" im Anhang besorgte dankenswert Herr Dr. Kahl, Medizinalreferent der See-Berufsgenossenschaft.

*

Die Verfasser übergeben das Buch der Öffentlichkeit in dem Glauben und in der Hoffnung, daß dieses Ziel weitgehendst erreicht werden wird.

Hamburg, im Januar 1939.

Busch.   Dr. **Schubert.**

Einleitung.

Der Umfang des Brandschadens, der alljährlich in Deutschland entsteht, betrifft nach den Angaben der Feuerversicherungen über 400 Millionen RM. Dazu kommen noch die Schäden, die zahlreiche Menschen an Leben und Gesundheit erleiden. Man schätzt, daß in Deutschland etwa 1400 Menschen, darunter etwa 1000 Jugendliche in jedem Jahr durch Feuer ihr Leben verlieren, und daß noch weit mehr Menschen Schaden an ihrer Gesundheit erleiden. Das sind für unser Volk Substanzverluste, die jedem verantwortungsbewußten Volksgenossen ernstlich zu denken geben sollten.

Da ein großer Teil aller Brände auf Fahrlässigkeit und Unkenntnis zurückzuführen ist, läßt sich die Zahl der Brände und damit auch der Gesamtfeuerschaden ohne weiteres durch entsprechende Aufklärung herabmindern. Wichtig ist vor allem, jeden Einzelnen davon zu überzeugen, daß Feuerschäden Wertverluste bedeuten, die — unbeachtet der etwaigen Schadensvergütung durch Versicherungen — unwiderruflich verloren sind und von der Gesamtheit des Volkes getragen werden müssen.

Es bedarf daher auch wohl keines Beweises, daß Feuerschutzmaßnahmen sich nicht im Bereitstellen von Löscheimern, einfachen Spritzen und sonstigem primitiven Löschgerät erschöpfen können. Der Feuerschutz in seinen beiden Hauptgebieten: Feuerverhütung und Feuerbekämpfung ist ein umfangreiches Arbeitsgebiet geworden; und es muß daher als die Pflicht eines jeden Einzelnen angesehen werden, sich mit dem Wesen des Feuerschutzes eingehend vertraut zu machen.

Auf Schiffen hat der Feuerschutz vor allem dadurch eine ganz besondere Bedeutung, weil das Schiff auf See bei einem Brande völlig auf sich selbst und seine eigene Kraft angewiesen ist; nur in ganz seltenen Fällen wird es möglich sein, Hilfe von anderer Seite heranzuholen.

Aus diesen Gedanken heraus verlangt die See-Berufsgenossenschaft heute, daß auf allen deutschen Fahrgastschiffen Feuerschutzleute vorhanden sein müssen, d. h. Seeleute, die durch die Teilnahme an einem besonderen Kursus mit anschließender Prüfung nachgewiesen haben, daß sie über die Grundlagen der praktischen Feuerverhütung und -Bekämpfung auf Seeschiffen ausreichend unterrichtet sind.

Für die Ausbildung als Feuerschutzmann kommen nur körperlich und geistig gesunde Leute von über 20 Jahren mit einer mindestens 2 jährigen Seefahrtzeit in Frage. Für die Teilnahme an einem Lehrgang sollen Junggrade des Decks- und Maschinendienstes im allgemeinen nicht zugelassen werden; dagegen ist anzustreben, auch geeignete Leute des Verwaltungs- und Bedienungspersonals für die Ausbildung mit heranzuziehen.

In erster Linie kommen also in Frage: Offiziere und Ingenieure und deren Vorstufen, Decks- und Maschinenunteroffiziere, Steurer, Matrosen und Heizer.

Vor Beginn des Lehrganges muß jeder Teilnehmer seine körperliche Geeignetheit durch eine ärztliche Untersuchung nachweisen.

Während der Ausbildung muß von dem Leiter des Lehrganges auch die charakterliche und im besonderen auch die psychische Eignung für den Dienst festgestellt werden.

Es ist selbstverständlich, daß jeder Feuerschutzmann nicht nur seine eigene Aufgabe, sondern ebenso auch die seiner Truppkameraden beherrschen muß; ebenso selbstverständlich ist es aber auch in Hinsicht auf die schnelle Einsatzbereitschaft, daß innerhalb eines an Bord für die Brandbekämpfung zusammengestellten Trupps die einzelnen Mitglieder des Trupps die ihnen zugewiesenen Aufgaben behalten, solange durch Abmusterung oder Krankheit nicht ein Ersatz notwendig ist. Der Truppführer und der Trupp müssen sich darüber klar sein, daß die Durchbildung des Trupps als geschlossener Körper zwecks Erzielung bester Leistungen nur auf dem Wege einer exerziermäßigen Ausbildung und unter Einhaltung einer straffen Disziplin erreicht werden kann. Innerhalb des Trupps hat daher beste Kameradschaft zu herrschen; den Anordnungen des Truppführers ist unbedingt nachzukommen. Es geht keinesfalls an, daß ein Truppmitglied sich einem andern gegenüber etwa zurückgesetzt fühlt, weil diesem eine Aufgabe zugewiesen ist, die nach seiner Meinung eigentlich ihm hätte übertragen werden müssen. Der Truppführer trägt die Verantwortung für den Trupp; es muß ihm daher überlassen bleiben, wie er den Trupp zusammensetzt, vor allem, wen er für das Arbeiten unter dem Atemschutzgerät bestimmt. Dafür hat er aber auch die besondere Pflicht, sich neben den Fragen einer zweckmäßigen Brandbekämpfung mit den Fragen des Atemschutzes ganz besonders vertraut zu machen.

Schiffsbrände werden in den meisten Fällen unter Deck auftreten; sie gleichen in dieser Beziehung den bei Bränden an Land so außerordentlich gefürchteten Kellerbränden. Dieser Umstand zwingt bei bereits geschlossenen Rauch- und Feuertüren zu einem Vortragen des Löschangriffs von oben her durch die heiße Rauch- und Qualmzone hindurch. Es kommt weiter hinzu, daß die Luftzuführung zu den einzelnen Schiffsräumen durch den bei Bränden fast immer erforderlichen Abschluß der Frischluftführung (Türen, Fenster, künstliche Ventilation) außerordentlich beschränkt ist. Damit wird der Aufenthalt auch in den sonst auf Schiffen gut gelüfteten unteren Räumen ohne Atemschutzgerät in fast allen Brandfällen unmöglich.

Ein weiterer Umstand, der bei einem Feuer unter Deck von außerordentlicher Bedeutung ist, ist die lüftungstechnische Verbindung vieler

Räume unter Deck miteinander, um diese Räume möglichst einwandfrei für die Benutzung zu gestalten. Dies führt aber im Brandfalle dazu, daß eine einmal vorhandene Verqualmung sich außerordentlich schnell auf alle miteinander in Verbindung stehenden Räume verteilt, wodurch der Angriff unter Umständen außerordentlich erschwert werden kann.

Ebenso gefährlich für eine Verqualmung noch nicht brennender Räume sind bei Schiffen, abgesehen von dem durch das eigentliche Feuer entwickelten Rauch, der Qualm und die Dämpfe, die durch die vom Brandherd ausgehende Wärmeleitung entstehen. Farbanstriche können auf diese Weise bis zur Verdampfung erhitzt werden und ihrerseits zu qualmen und zu brennen anfangen. Diese Art der Übertragung kann unter Umständen so schnell vor sich gehen, daß in ganz kurzer Zeit auch vom eigentlichen Brandherd entfernt liegende Räume verqualmen und in Brand geraten können.

Neben der durch Feuer und Wärme bedingten Rauchentwicklung kann auch das Unbrauchbarwerden der für die Atmung erforderlichen Luft im Innern des Schiffes aus anderen Gründen den Erfolg des Angriffes völlig in Frage stellen (z. B. Schadhaftwerden von Ammoniak-Kühlanlagen, Ölverdampfung, Verdampfung von festen und flüssigen Ladungen wie z. B. Chemikalien in fester Form, Schwefelkohlenstoff, Säuren usw.). In allen diesen Fällen müssen die erforderlichen Lösch- und Sicherungsarbeiten schnell und zielbewußt durchgeführt werden können.

Aber nicht nur für die Brandbekämpfung an Bord, sondern auch für das Arbeiten in Tanks und Kesseln ist die Benutzung von Atemschutzgeräten unerläßlich. Selbst in sogen. Süßöltanks sind bei Nichtbenutzung von Atemschutzgeräten tödliche Unfälle eingetreten. Es muß daher auch an dieser Stelle dringend davor gewarnt werden, Tanks usw. ohne Atemschutzgerät zu befahren, wenn nicht mit Gewißheit feststeht, daß 1. atembare, d. h. genügend sauerstoffhaltige Luft und 2. keine Giftgase irgendwelcher Art vorhanden sind.

Der Trupp muß sich darüber klar sein, daß seine Arbeit der Gesamtheit des Schiffes und darüber hinaus der Gesamtheit seines Volkes gilt. Und wenn verlangt werden muß, daß nach der eigentlichen ersten Ausbildung als Feuerschutzmann im späteren Borddienst regelmäßige Truppübungen, vor allem Übungen unter Gerät abzuhalten sind, so kennzeichnet dies die Wichtigkeit und den Ernst der dem Trupp eigenen Aufgaben und Pflichten. Das Arbeiten unter Gerät wird zwar, da im allgemeinen Kreislaufgeräte verwendet werden, keine besonderen Schwierigkeiten machen, wie sie bei Filtergeräten infolge des erhöhten Atemwiderstandes als Angstzustände auftreten. Immerhin muß auch bei diesen Geräten die seelische und körperliche Eignung immer aufs neue geprüft werden, wenn man nicht im Ernstfall böse Überraschungen erleben will. Die Pflicht zu dieser Prüfung hat aber nicht nur der

Truppführer, sondern der Geräteträger selbst. Es kann nicht dringend genug davor gewarnt werden, sich ohne vorherige gründliche Erprobung in einem Ernstfall zuviel zuzutrauen. Es schadet nichts, wenn übungsmäßig Atemkrisen durch Übersteigerung der Leistung herbeigeführt werden mit dem Zweck, festzustellen, ob der Geräteträger in der Lage ist, die Krise zu überwinden; denn nur dann wird der Träger volles Vertrauen zu seinem Gerät gewinnen, wird der gesamte Trupp seine Leistungsfähigkeit voll einsetzen können. Es ist Pflicht des Feuerschutzmannes zu wissen, daß fast jede Atemkrise unter Gerät überwunden werden kann; Pflicht ist es aber auch, als Geräteträger abzutreten, wenn dies auch bei Anspannung aller Willenskräfte nicht möglich ist.

Ein Geräteträger, der im entscheidenden Augenblick vor einem Brandherd seelisch versagt und infolgedessen auch körperlich zusammenbricht, gefährdet nicht nur sein eigenes Leben, sondern auch das seiner Truppkameraden, die ihn oft nur unter schwerer Mühe bergen können, darüber hinaus aber auch das gesamte Schiff.

Pflicht jeder Ausbildungsarbeit ist es deshalb, solche Vorkommnisse unter allen Umständen zu vermeiden. Es ist etwas ganz anderes, in einer, wenn auch noch so schwierigen Übungsstrecke eine bestimmte Aufgabe durchzuführen, als in einem Ernstfall unter dem Einfluß von Rauch und Hitze und losgelöst von der Umgebung schwerste körperliche Arbeit verrichten zu müssen.

Von einem nach den „Grundsätzen" zu prüfenden Feuerschutzmann muß verlangt werden:

1. Kenntnis sämtlicher an Bord in Frage kommenden Feuerschutzeinrichtungen und -maßnahmen.
2. Kenntnis der wichtigsten Baumaterialien eines Schiffes und deren Verhalten im Brandfall.
3. Kenntnis der wichtigsten Brennstoffe und deren Verhalten im Brandfall.
4. Kenntnis des Aufbaues eines Schiffes, im besonderen Kenntnis des eigenen Schiffes.
5. Kenntnis aller an Bord gebräuchlichen Feuerbekämpfungsmittel und Vertrautsein mit deren Handhabung.
6. Kenntnisse in der ersten Hilfeleistung und im besonderen in der Bergung von Verunglückten.
7. Ruhiges, energisches, dabei aber schnelles Handeln im Ernstfall.
8. Ständige Mitarbeit im Dienst der Feuerverhütung. Der Feuerschutzmann muß neben der Schiffsleitung, insbesondere dem 1. Offizier als Unfallvertrauensmann (Arbeitsschutzwalter) die Verantwortung und die Pflicht übernehmen für eine Belehrung der Bordkameraden in allen Fragen des Feuerschutzes und für die Instandhaltung und Betriebsfähigkeit aller Feuerbekämpfungsmittel im Interesse des Schiffes und aller auf ihm befindlichen Personen.

1. Stunde.

Das Wesen des Feuers.

Die Verbindung eines brennbaren Körpers mit Sauerstoff unter Entwicklung von Wärme wird allgemein als Feuer oder Verbrennung bezeichnet.

Bei der Verbrennung wird der brennende Körper in andere Stoffe umgewandelt. Auch die in ihm gebundene Energie verändert sich und wird meistens in Form von Wärme und Licht frei. Die Verbrennung ist also ein chemischer Vorgang.

Die Einleitung einer Verbrennung setzt voraus, daß der brennbare Körper bis zu seinem **Zündpunkt** erwärmt wird. Der Zündpunkt gibt die Temperatur an, auf die ein brennbarer Stoff gebracht werden muß, um seine Entzündung und das anschließende selbständige Weiterbrennen zu ermöglichen. Der Zündpunkt bildet also ein sehr wichtiges Kennzeichen für das Verhalten brennbarer Stoffe unter der Einwirkung eines Feuers. Die Zündpunkte der wichtigsten brennbaren Körper sind in der folgenden Zusammenstellung wiedergegeben:

Stoff	Temperatur des Zündpunktes °C
Torf	250
Braunkohle	260
Weichholz	290
Hartholz	300—350
Papier	360
Gasöl	370
Petroleum	400
Steinkohle	350—450
Benzin	500
Koks	500—600

Neben dem Zündpunkt ist der **Flammpunkt** von besonderer Bedeutung. Zu seiner Feststellung erwärmt man den zu untersuchenden Körper langsam und stetig und nähert ihm in kurzen Abständen eine kleine Zündflamme. Ist die Erwärmung bis zum Flammpunkt vorgeschritten, so zeigt sich dies durch ein kurzes Aufflackern der Zündflamme im Augenblick der Annäherung, das aber völlig verschwindet, wenn die Zündflamme wieder entfernt wird. Der Körper selbst brennt also noch nicht. Der Flammpunkt gibt lediglich die Temperatur an, bei der ein brennbarer Stoff entflammbare Dämpfe entwickelt.

Stoff	Flammpunkt °C
Äther	— 20
Schwefelkohlenstoff	— 20
Benzin	— 20 bis + 10
Petroleum	30—45
Terpentinöl	35
Portwein	60
Dieselöl	70—90
Schmieröl	180
Leinöl	200
Olivenöl	230
Zylinderöl	230—300
Heißdampföle	über 300

Das selbständige Brennen eines Körpers mit eigener Flamme tritt erst ein, wenn eine Erwärmung über den Flammpunkt bis zum **Brennpunkt** erfolgt. Im allgemeinen liegen diese beiden Punkte dicht nebeneinander.

Für die Beurteilung der Feuersgefahr eines brennbaren Stoffes sind Flamm- und Brennpunkt von großer Bedeutung. Je niedriger diese Werte liegen, um so größer ist die Gefahr. Dabei ist zu beachten, daß der Flammpunkt ein eng begrenzter Begriff ist, während der Brennpunkt bei ein und demselben Körper voneinander abweichende Beträge annehmen kann und zwar je nach Art und Volumen des Körpers, seinem Feuchtigkeitsgehalt, nach Art, Dauer und Menge der Wärmezufuhr usw.

Ebenso stehen die 3 Grundbedingungen für jede Verbrennung Brennstoff, Sauerstoff und erhöhte Temperatur wechselseitig in Beziehung zueinander. Art und Lagerung des Brennstoffes, Menge, Temperatur und Zusammensetzung beeinflussen den Ablauf der Verbrennung.

Die im Laufe der Verbrennung erfolgende Stoffumwandlung geht in 3 Abschnitten vor sich:

1. Entgasung.
   Der Körper wird erwärmt, die in ihm enthaltene Feuchtigkeit verdampft. Die Umwandlung in den für die Verbrennung notwendigen gasförmigen Aggregatzustand wird eingeleitet.
2. Vergasung (unvollkommene Verbrennung).
   Der im Brennstoff enthaltene Kohlenstoff verbindet sich mit Sauerstoff. Es entsteht Kohlenoxyd.
3. Offene Verbrennung unter Flammenbildung (vollkommene Verbrennung).
   Kohlenoxyd verbindet sich mit Sauerstoff. Es entsteht Kohlendioxyd.

Der in den meisten Brennstoffen enthaltene Wasserstoff verbindet sich mit dem Luftsauerstoff. Es entsteht Wasser, das bei ausreichend hoher Temperatur in Dampfform entweicht.

Die bei der offenen Verbrennung erfolgende Verbindung zwischen Kohlenoxyd und Luftsauerstoff setzt voraus, daß genügend Luft an den Brandherd herangeführt werden kann. Erst dann entsteht die vollkommene Verbrennung. In der praktischen Brandbekämpfung, besonders aber bei Schiffsbränden wird man sehr oft mit nur einer unvollkommenen Verbrennung rechnen müssen, da der Luftzutritt durch die Eigenart der Schiffskonstruktion stark verzögert wird. Die nicht verbrannten gas- und staubförmigen Umwandlungsprodukte des Brennstoffes entweichen in mehr oder weniger großen Mengen als Rauch und Ruß. Diese Stoffe bestehen im wesentlichen aus Kohlenoxyd und Kohlendioxyd, Teerdämpfen, Wasserdampf, Stickstoff und Aschenteilchen.

Der Rauch ist der gefährlichste Gegner jeder Brandabwehr. Er hüllt den eigentlichen Brandherd und alle damit in Verbindung stehenden Räume in einen undurchdringlichen und jede Orientierung verhindernden Schleier.

Für Schiffsbrände kommt erschwerend hinzu, daß der Abzug der Rauchgase nur langsam erfolgen kann. Es treten daher vielfach starke Anreicherungen der Raumluft mit dem giftigen und explosiven Kohlenoxyd auf, die eine Annäherung an den Brandherd nur unter dem Schutz von besonderen Atemschutzgeräten zulassen.

Die Farbe des Rauches läßt mit gewisser Sicherheit auf die Art des Brennstoffes schließen, daneben auch der Geruch.

Bei Laderaumbränden sollte man daher, falls der Brandherd unbekannt ist, eine Probe der in dem betr. Raum lagernden Güter, unter der Voraussetzung, daß diese auch in einem weiteren Raum vorhanden sind, was häufig der Fall sein wird, zur Verbrennung bringen, am besten auf einem Herd, um aus dem Geruch die Art des Brennstoffes und damit die Lage des Brandherdes festzustellen.

Baumwolle und alle übrigen Pflanzenfasern erzeugen einen dichten gelblich-braunen Rauch.

Holz verbrennt unter Entwicklung dunkelgrauer Rauchgase. Sämtliche Öl- und Fettbrände sind gekennzeichnet durch eine außergewöhnlich dichte tiefschwarze Rauchgasbildung.

Als **Ursache einer Entzündung** ist zu unterscheiden zwischen
1. Fremdzündung durch
   a) Einwirkung einer offenen Flamme,
   b) Kurzschlußfunken,
   c) Blitzschlag,
   d) Wärmestrahlung durch Heizvorrichtungen, Dampfleitungen und dergl.,
   e) Reibung, Stoß, Fall, und

2. Eigenzündung unter vorhergehender Selbsterwärmung als Folge chemischer oder biologischer Umwandlung, wobei durch vielfach noch ungeklärte katalytische Wirkung sehr oft eine wesentliche Beschleunigung eintritt.

Dem Wesen nach sind diese beiden Arten der Zündung gleich. Die Fremdzündung ist lediglich eine durch äußere Verhältnisse bedingte Beschleunigung der Eigen- oder Selbstentzündung. Die Eigenzündung ist u. a. dadurch gekennzeichnet, daß ein Körper mit anfangs niedriger Temperatur ohne äußere Wärmequelle allmählich bis zu seinem Zündpunkt erwärmt wird.

Im praktischen Schiffsbetrieb treten fast stets Wechselwirkungen zwischen Eigen- und Fremdzündung auf. Es ist geradezu eine tragische Eigenart des Schiffstransportes, diese wechselseitige Beeinflussung zwischen Fremd- und Eigenzündung zu fördern (ungünstige Lüftung, Wärmeeinwirkung von außen, Wärmestauung durch dichte gepreßte Lagerung, Vermischen verschiedener Ladungsgüter usw.).

In den meisten Fällen entsteht die Selbstentzündung als Folge einer langsamen Oxydation eines brennbaren Stoffes, wenn die hierbei entstehende Wärme nicht abgeleitet werden kann, so daß sich die Temperatur allmählich dem Zündpunkt nähert. Andere Ursachen sind Aufnahme von Luftsauerstoff (z. B. bei frischem, feuchtem Kohlengrus), außerdem chemische und biologische Vorgänge. Sehr oft wird man mit dem Zusammentreffen mehrerer Ursachen rechnen müssen.

Der Eintritt der Entzündung ist von der Natur des jeweiligen Brennstoffes und von den örtlichen Verhältnissen abhängig, er kann in wenigen Stunden erfolgen (mit Öl getränkte Lappen oder Twistabfälle), in anderen Fällen sich aber auch auf Wochen und Monate erstrecken (Heu, Kohlen und dergl.).

Der Temperaturanstieg geht anfangs nur langsam vor sich, nicht selten treten dabei zeitweilige Unterbrechungen auf; ist aber erst eine bestimmte Temperatur überschritten, so wird sehr bald der Zündpunkt erreicht.

Nähert sich die Beschleunigung einer Entzündung unendlich großen Werten, so entstehen als Sonderart der Zündung explosionsartige Erscheinungen. Die Explosion ist vielfach gekennzeichnet durch eine plötzliche Volumenvergrößerung infolge eines chemischen und/oder physikalischen Vorganges.

Die Explosionen von Sprengstoffen und von Gemischen der Gase und Munition mit Luft gehören zu den chemischen Vorgängen. Explosionen von Kesseln, Druckgasbehältern und dergl. sind physikalischer Natur.

Die Voraussetzungen für das Auftreten einer Explosion liegen vor, wenn einzelne Stoffe (Staube verschiedener fester Körper, Dämpfe,

Gase) in einem bestimmten Verhältnis (Explosionsbereich) mit der atmosphärischen Luft gemischt sind. Nach eingetretener Zündung erfolgt die Fortpflanzung der Verbrennung mit 2000—3000 Meter/Sekunde Geschwindigkeit. Diese außerordentliche schnelle, d. h. explosive Verbrennung führt zu hohen Drucken (Explosionswelle) und wegen der Wärmestauung zu hohen Temperaturen. Als besonders explosionsgefährliche Stoffe kommen an Bord Benzin, Petroleum und Azetylen in Frage.

Letzteres ist besonders deshalb gefährlich, weil der „Explosionsbereich" sehr groß ist. Hierunter versteht man die Grenzen (in v. H.) von Gas- oder Dampf-Luftgemischen, innerhalb deren eine Explosionsgefahr vorliegt. Außerhalb dieser Grenzen kann eine Explosion nicht eintreten. Nachstehend sind die Explosionsbereiche verschiedener Stoffe zusammengestellt:

Azetylen	von	3	bis	85 v. H.
Kohlenoxyd	„	16	„	75 „
Wasserstoff	„	9	„	70 „
Benzin	„	2	„	5 „
Leuchtgas	„	7	„	19 „
Ammoniak	„	16	„	27 „

Über die bei Bränden auftretenden Temperaturen gibt die nachstehende Zusammenstellung eine angenäherte Vorstellung: Es herrscht bei

beginnender Rotglut eine Temperatur von		525°,
Dunkelrotglut „ „ „	400—	700°,
Kirschrotglut „ „ „		850°,
Hellrotglut „ „ „		950°,
Gelbglut „ „ „		1100°,
beginnender Weißglut „ „ „		1300°,
und voller „ „ „ „		1500°.

Im allgemeinen wird bei einem Brand die Temperatur der brennenden Gase zwischen 800° und 1000° liegen; 1000° werden nur in seltenen Fällen überschritten werden; Höchsttemperaturen liegen etwa zwischen 1300° und 1400°.

Die Voraussetzungen für das Zustandekommen und die Unterhaltung eines Brandes sind, wie vorstehend ausgeführt ist, das Vorhandensein von 1. Brennstoff, 2. Sauerstoff und 3. Wärme. Will man also einen Verbrennungsvorgang unterbrechen, d. h. einen Brand löschen, so muß man mindestens eine dieser Voraussetzungen beseitigen. Man muß also entweder den brennbaren Stoff entfernen oder die weitere Zufuhr von Sauerstoff unterbinden oder endlich den brennbaren Stoff unter seine Entzündungstemperatur abkühlen. Bei den praktisch angewandten Löschverfahren findet meistens eine Vereinigung aller dieser Möglichkeiten statt.

Je nach der Eigenart des Brennstoffes und den örtlich bedingten Verhältnissen wird man verschiedene Löschverfahren anwenden müssen.

2. und 3. Stunde.

Feuersgefahr
und Feuerverhütung auf Schiffen.

1. Allgemeines.

Überall gilt der Grundsatz, daß es einfacher und zweckmäßiger ist, die Brandentstehung zu verhindern als den Brand zu bekämpfen. **"Feuerverhütung ist besser als Feuerschadenvergütung"**.

An der Erreichung dieses Zieles mitzuwirken, ist vornehmste Aufgabe jedes Mitgliedes der Besatzung, insbesondere jedes Feuerschutzmannes.

Nur durch größte Sauberkeit und Ordnung und durch schärfste Betriebsbeaufsichtigung kann ein Brandausbruch verhindert werden. Daher ist der Betriebsüberprüfung durch regelmäßig zu gehende Wachen größter Wert beizulegen.

Den Wachen müssen die Schlüssel zu sämtlichen Räumen zugänglich sein. Im Hafen sind nach Arbeitsschluß in nicht bewohnten Räumen die Fenster und Türen zu schließen.

Als Wachleute sollten nur Feuerschutzleute verwendet werden; ihnen muß nicht nur die Handhabung der Feuerlöscher, sondern auch die Lage der Feuermelder und die Lage der Licht= und Ventilationsschalter bekannt sein. Ältere, z. B. als Stewards nicht mehr voll arbeitsfähige Leute, sind für diesen Dienst nicht geeignet. Wichtig ist auch noch die Überwachung von Handwerkern (Rauchen, Liegenlassen von brennbaren Materialien). Im besonderen hat der Feuerschutzmann die Pflicht, seinem nächsten Vorgesetzten oder der Schiffsleitung Meldung zu machen über beobachtete Schäden und Unregelmäßigkeiten. Er muß sich bewußt sein, daß die Schiffsleitung besonders auf seine Mitarbeit angewiesen ist bei der Erziehung aller Bordkameraden, um deren Verständnis für die Feuersgefahren an Bord zu wecken. Dienstlich und außerdienstlich muß von ihm immer wieder hingewiesen werden auf die Wichtigkeit der Mitwirkung eines jeden einzelnen Besatzungsmitgliedes, damit die personelle Feuerverhütung den denkbar höchsten Stand erreicht.

Als Brandursachen an Bord kommen — ganz allgemein gesprochen — neben äußeren Einflüssen zur Hauptsache Vorgänge chemischer und physikalischer Natur in Frage. Der wesentliche Unterschied dieser beiden

Hauptgruppen liegt darin, daß die durch äußere Einflüsse gegebenen Brandursachen bei geeigneter Aufklärung und durch eingehende Überwachung des Schiffsbetriebes in den meisten Fällen vermieden werden können, während die Ursachen chemischer und physikalischer Art durchweg nicht zu erkennen bzw. zu vermeiden sind.

Erfahrungsgemäß haben die äußeren Einflüsse einen starken Anteil an der Entstehungsursache aller Schiffsbrände.

Alle elektrischen Anlagen müssen einwandfrei und unter Verwendung besten Materials (möglichst nur Marinekabel) verlegt werden. Sogenannte wilde Leitungen und Privatsteckdosen dürfen unter keinen Umständen geduldet werden.

Besondere Beachtung verdienen bewegliche elektrische Apparate jeder Art, wie Bügeleisen, Heizsonnen, Tauchsieder, Kochapparate und dergl. Diese Geräte sind stets auf eine unverbrennliche Unterlage zu stellen (Kochmaschinenplatten). Teller oder eiserne Stäbe bieten keinen sicheren Schutz. Auch bei kurzer Arbeitsunterbrechung ist der Strom stets abzustellen. Man verlasse sich nicht auf etwa vorhandene automatische Schaltanlagen, weil diese einen Brand nicht verhindern können.

Über und dicht neben elektrischen Heizkörpern dürfen keine Kleiderhaken angebracht sein.

Elektrische Anlagen in nicht benutzten Abteilungen sind stromlos zu machen.

Alle beweglichen Leitungen und Kabel sind regelmäßig zu überprüfen. Bei sich wiederholenden Kurzschlüssen muß unbedingt die Ursache ermittelt werden.

Feuergefährliche Flüssigkeiten wie Benzin, Benzol, Äther, Lacke, Terpentin und ebenso die mit diesen Stoffen getränkten Putzlappen dürfen nur an den dafür zugelassenen Stellen auf freiem Deck aufbewahrt werden. Der Unterbringung von Bohner- und Farblappen kann nicht genügend Aufmerksamkeit gegeben werden. Vielfach liegen sie in unzugänglichen Winkeln und Ecken oder werden in Holzschränken innerhalb der Wohnräume oder in Treppenverschlägen, sogen. Lockern, aufbewahrt. Da sie sich leicht und sehr schnell entzünden, dürfen für die Unterbringung nur dichtschließende Blechkästen benutzt werden.

Vor Beginn des Lade- und Löschbetriebes ist gegebenenfalls für ausreichende Beleuchtung zu sorgen. Jede Sparsamkeit an dieser Stelle ist falsch. Bei der Arbeit im Laderaum muß es taghell sein. Dann wird niemand in die Versuchung kommen, sich durch Anzünden eines Streichholzes, einer Kerze usw. eine dürftige Lichtquelle zu schaffen.

Die in den Laderäumen im Gebrauch befindlichen Kabel und Lampen sind ganz besonders auf ihren einwandfreien Betriebszustand zu prüfen. Nach jedesmaliger Beendigung der Raumarbeit ist die Stromzufuhr abzuschalten.

Bricht während des Ladens und Löschens ein Feuer im Laderaum aus und besteht die Ladung aus leichtentzündlichen Gütern, so ist die Ursache in vielen Fällen auf Nichtbeachtung des Rauchverbotes zurückzuführen. Das Rauchen sollte daher nicht nur innerhalb der Laderäume, sondern, solange die Luken geöffnet sind, auch auf dem freien Deck verboten werden.

Im übrigen ist das Rauchverbot zwecklos, wenn nicht durch energische und zweckmäßige Maßnahmen für seine strengste Durchführung gesorgt wird. Während des Ladens und Löschens muß seitens des Schiffes eine ausreichende Wache gestellt werden. Es genügt keineswegs, daß ein Matrose den Auftrag erhält, 10 bis 20 Arbeiter auf Deck und im Laderaum zu beaufsichtigen, für die Innehaltung des Rauchverbotes zu sorgen und daneben noch die Stauung der Ladung zu überprüfen. Es muß unter allen Umständen ermöglicht werden, jeden Schiffsraum während der Arbeitszeit ständig zu überwachen.

Ähnliche Feststellungen ergeben sich für die überraschend hohe Zahl von Schiffsbränden, die besonders bei der Durchführung von Reparaturen auf die unvorsichtige Verwendung von Schneid- und Schweißgeräten zurückzuführen sind.

Nach den Feststellungen einer der größten deutschen Werften können diese Brandursachen, wenn auch nicht völlig beseitigt, so doch durch organisatorische Maßnahmen auf einen sehr kleinen Umfang beschränkt werden, wenn die Ausführung derartiger Arbeiten abhängig gemacht wird von einer vorhergehenden Feststellung der unbedingten Gefahrlosigkeit für die unter dem Einfluß der Arbeitsausführung liegende nähere Umgebung, und solche Untersuchungen ausschließlich Angelegenheit von fachkundigen und verantwortlichen Stellen sind.

Wenn nach Sachlage eine Entzündungsgefahr besteht, und trotzdem zwingende Gründe die Durchführung feuergefährlicher Arbeiten verlangen, so muß durch Einrichtung einer Sicherheitswache, durch Bereitstellung geeigneter Löschgeräte usw. eine ausreichende Abwehr zur Verfügung stehen. Zur Unterstützung dieser Vorsichtsmaßnahmen sollte die Schiffsleitung bestrebt sein, entsprechend dem in der Vorkriegszeit üblichen Verfahren für die Entfernung des vielfach in großen Mengen in den Laderäumen befindlichen leicht entzündlichen Stauholzes und der Garniermatten zu sorgen.

Strengstens zu verbieten ist jede Arbeit an oder in unmittelbarer Nähe von Kühlraumwänden, soweit die Isolierung aus leicht brennbaren Stoffen (Torf, Kork, Holzkohle und dergl.) besteht. Auch die teilweise vorgesehene Imprägnierung des Isoliermaterials rechtfertigt keineswegs, von diesem Verbot abzugehen. Ist eine Entzündung eingetreten, so bleiben jede Sicherheitswache und alle Löschgeräte wirkungslos, weil der Brandherd völlig unzugänglich ist. In fast allen Fällen bedeutet die Entzündung des Isolierungsmaterials die Vernichtung des gesamten Kühlraumes.

Sind während der Werftliegezeit im Dock oder zur Durchführung von Reparaturarbeiten die Feuerlöschpumpen außer Dienst gestellt, so muß unter allen Umständen durch eine Verbindung mit der Landwasserleitung dafür gesorgt werden, daß Löschwasser im Bedarfsfall sofort zur Verfügung steht.

2. Ladung.

Das in den Schiffsräumen untergebrachte Ladegut besteht aus den verschiedensten Grundstoffen. Neben Waren, die an sich zwar unbrennbar, unter dem Einfluß einer Erwärmung aber zerstört werden, liegen oft ohne wirksame Abtrennung leicht entzündliche, unter Umständen sogar selbstentzündliche Güter. Auch wenn in Ausnahmefällen die Ladung weder brennbar noch selbstentzündlich ist, liegt doch schon in der Verpackung, die vielfach aus Holz, Papier, meistens aber auch aus pflanzlichen Geweben (Jute) besteht, eine ganz erhebliche Gefahr. Als besondere Eigenart des Schiffstransportes ist außerdem zu berücksichtigen, daß zahlreiche Stoffe, die, einzeln betrachtet, keine die Feuersicherheit herabsetzenden Eigenschaften nachweisen, außerordentlich gefährliche und heftige Reaktionen hervorrufen, wenn ihnen durch äußere Ursachen, z. B. starken Seegang, Beschädigung beim Laden und Löschen, ungenügende Verpackung und dergl. Gelegenheit gegeben wird, eine chemisch wirksame Verbindung einzugehen.

Der Gefahr einer Fremdzündung sind fast sämtliche Schiffsgüter ausgesetzt; dem Umfange nach bestehen allerdings erhebliche Unterschiede. Die gesondert behandelten Mineralöle, insbesondere solche der Gefahrenklasse 1 (Benzin, Benzol und ähnl.) sind außergewöhnlich leicht entzündbar. Die aus pflanzlichen Faserstoffen (Baumwolle, Jute, Flachs, Hanf usw.) bestehenden Ladungen gehören zu einer Gefahrengruppe, die den oben erwähnten Mineralölen an Entzündbarkeit kaum nachsteht. Bei ihnen ist die Fortpflanzung der Zündung derart groß, daß sehr oft von einer schlagartigen Ausdehnung des Feuers über das gesamte Material gesprochen werden kann.

Da diese Stoffe einen bedeutenden Teil der insgesamt beförderten Schiffsgüter bezw. des Verpackungsmaterials bilden, ist es notwendig, eine kurze auf Versuche und Beobachtungen begründete Darstellung ihres Verhaltens im Brandfall zu geben.

Baumwolle besteht aus feinsten Fasern, die bei mikroskopischer Betrachtung die Form eines flachgedrückten Bandes mit verdickten Rändern und schraubenförmigen Windungen und einen die Faser in ganzer Länge durchziehenden röhrenförmigen Hohlraum erkennen lassen. Das Material besteht aus fast reiner Zellulose mit einem natürlichen Feuchtigkeitsgehalt von 4—8 v. H. des Gewichtes. Die Oberfläche der Faser hat die Eigenschaft, fast sämtliche Gase in großen Mengen zu absorbieren. Diese Fähigkeit in Verbindung mit dem röhrenförmigen Aufbau gibt die Erklärung für das Verhalten der Baumwolle im Feuer.

Die Zündung führt zu einem schwelenden Glimmen der Faser, das sich in das Innere der unter hohem Druck in Ballenform gepreßten Baumwolle fortpflanzt und damit der äußeren Wahrnehmung entzogen ist. Die entstehende Rauchentwicklung tritt nicht zu Tage, da die Rauchgase von der Faser absorbiert werden. Der in den einzelnen Baumwollröhrchen vorhandene Luftsauerstoff ermöglicht eine wochenlange Unterhaltung des Feuers, bis dieses aus irgendeinem Grunde nach außen durchdringt, um sich dann unter dem Einfluß des freien Luftzutrittes außerordentlich schnell auszudehnen.

Welche Schwierigkeit der Bekämpfung eines Baumwollbrandes entgegensteht, ganz abgesehen von den in der technischen Durchbildung der Schiffsräume liegenden Widerständen, ist aus dem folgenden Versuch zu erkennen. Gelegentlich eines Feuers in einem Baumwollager in Hamburg wurden mehrere vom Feuer berührte Ballen ausgewählt und für 3 Tage ununterbrochen unter Wasser aufbewahrt. Nach Ablauf dieser Zeit wurde beim Aufbrechen der Ballen festgestellt, daß das Wasser nur die äußere Schicht der Baumwolle durchfeuchtet hatte, ohne auf das im Innern der Ballen befindliche Feuer irgendwelchen Einfluß auszuüben.

Das vielfach unerklärliche Auftreten eines Baumwollbrandes zu einer Zeit, in der eine ursächliche äußere Zündung den Umständen nach nicht in Frage kommen konnte, hat dazu geführt, in vielen Fällen als Entstehungsursache eine Selbstentzündung der Baumwolle anzunehmen. Die Berechtigung dieser Annahme ist jedoch von ganz bestimmten Voraussetzungen abhängig. Entweder ist neben der Baumwolle ein zweiter Körper vorhanden, dessen Gegenwart unter dem beschleunigenden Einfluß der Baumwollfaser (oder irgendeiner anderen pflanzlichen oder tierischen Faser) Oxydationserscheinungen und damit Wärmebildung hervorruft, oder es handelt sich um Baumwollballen, die Verunreinigungen in Form von Baumwollsamen aufweisen und in diesem Zustand auf biologischer Grundlage einen Gärungsprozeß eingehen, der in Wechselwirkung mit dem Ölgehalt der Baumwollsamen zu bedenklicher Temperatursteigerung führen kann.

Während die letztere Gefahr auch mit der Aufbereitung der Baumwolle verbunden ist und durch sorgfältige Betriebsüberwachung sehr eingeschränkt werden kann, haben die Bemühungen der Klärung der Selbstentzündung von Baumwolle oder allgemein gesagt, von Faserstoffen in Gegenwart von Ölen zu einer Reihe von Versuchen geführt mit dem Ergebnis, daß **sämtliche ölgetränkten Faserstoffe zur Selbstentzündung neigen.** Ursächlich hierfür ist neben der Eigenschaft sämtlicher Öle, bereits bei gewöhnlichen Temperaturen zu oxydieren, d. h. Luftsauerstoff aufzunehmen, die außerordentliche Vergrößerung der Öloberfläche durch Verteilung über die Pflanzenfaser. Diese führt zu einer starken Beschleunigung der Oxydation unter gleichzeitiger Wärmeentwicklung, die sich unter besonderen Umständen bis zur Entzündung der Faser steigert. Geringste Ölmengen genügen bereits, um eine gefahrbringende Selbsterwärmung einzuleiten, stark mit Öl durchtränkte Faserstoffe sind weniger gefährdet; beschleunigt wird die Selbstentzündung durch die im Schiffsladeraum fast stets gegebene dichte, gepreßte Lagerung, die eine natürliche Luftbewegung verhindert und das Auftreten örtlich begrenzter Wärmestauungen begünstigt. Hinzu kommt vielfach die Einwirkung einer äußeren Wärmequelle, z. B. durch unzureichend isolierte Dampfleitungen, durch ungeschützte Maschinenbezw. Kesselraumschottwände, durch hohe Tagestemperaturen in der Tropenfahrt und dergl. Diese Feststellung ist besonders bedenklich, weil die Geschwindigkeit der Oxydation mit der Temperatur außerordentlich schnell ansteigt.

Von größtem Einfluß auf den Grad der Selbstentzündungsgefahr ist die Art des Öles. Reine schwefelfreie Mineralöle zeigen keine nennenswerte Oxydationsneigung und bilden damit eine verhältnismäßig geringe Gefahr für Faserstoffe. Bedenklicher sind bereits tierische Fette. Die stärkste Oxydation und die größte Gefahr bilden pflanzliche Fette, von denen wiederum Holzöl und Leinöl an der Spitze stehen. Bei ungünstiger Lagerung (Wärmestauung und zusätzliche äußere Erwärmung) sind Selbstentzündungen von Faserstoffen, die durch Leinöl oder Firnis verunreinigt sind, nach Verlauf von 45 Minuten zu erwarten.

Die übrigen pflanzlichen Gewebe: **Jute, Hanf, Flachs, Werg** usw. haben im Gegensatz zur Baumwolle eine zylindrische Faser ohne röhrenförmigen Hohlraum; dementsprechend fehlt ihnen die Eigenschaft, eine äußere Zündung aufzufangen und längere Zeit zu erhalten, ohne daß irgendwelche Kennzeichen nach außen hin auftreten. Im übrigen haben sie die gleiche Neigung zur Selbstentzündung und entsprechen auch sonst der Baumwolle in ihrem Verhalten einem Feuer gegenüber.

Von den tierischen Faserstoffen kommen für den Schiffstransport insbesondere **Wolle und Seide** in Frage. Wegen ihrer gleichförmigen glatten Struktur sind sie verhältnismäßig wenig gefährlich. Die Wolle hat einen natürlichen Fettgehalt, der jedoch keine Selbstentzündungsgefahr bildet. Gegen Verunreinigung mit sonstigen Ölen sind auch diese Stoffe sorgfältig zu schützen. Die Seidenfaser wird aus verschiedenen Gründen durch Behandlung mit Metallsalzen und Gerbstoffen aufgebläht und beschwert. Für den Schiffstransport ist diese Behandlung von Bedeutung, wenn die Beschwerungsstoffe aus Eisenoxydulsalzen und Gerbstoffsäure bestehen, weil dadurch eine Selbstentzündungsgefahr der Seide hervorgerufen wird; derartige Entzündungen sind in zahlreichen Fällen in Seidenballen beobachtet, während Seide in loser, lockerer Form anscheinend weniger Gefahr bietet.

Die gleichen Betrachtungen, wie sie sich vorstehend für die pflanzliche und tierische Rohfaser ergeben, bestehen unverändert auch dann, wenn es sich um Fertigwaren aus diesen Rohstoffen (z. B. Persennige, Ölzeug, geölte Decken usw.) und um Schiffsgüter handelt, deren Verpackungsmaterial aus Pflanzenfasergeweben besteht. Hierzu gehört in erster Linie die aus den verschiedensten Grundstoffen gebildete umfangreiche Gruppe der „Sackladungen". Diese Güter, die unter Berücksichtigung ihres Volumens einen Hauptanteil der Schiffsladung bilden, bieten also allein durch das Verpackungsmaterial alle die Gefahren, die in der Pflanzenfaser liegen. Dabei sind in jedem Einzelfall zu prüfen:

1. Die Eigenschaft und das Verhalten der Grundstoffe (d. h. des eigentlichen Ladegutes) während des Schiffstransportes, bezw. unter dem Einfluß eines Brandes,
2. die Beeinflussung des Verpackungsmaterials (Pflanzenfaser) durch das Ladegut während des Schiffstransportes, bezw. einem Brand gegenüber.

Ein großer Teil der unter dem Sammelbegriff **„Sackladungen"** bezeichneten Güter ist von Natur aus ölhaltig und daher in Verbindung mit dem Jutematerial der Verpackung in stärkstem Maße der Selbstentzündung ausgesetzt. Hierzu gehören vor allem **Kopra, Leinsamen, Palmkerne und Sojabohnen**, weil diese Stoffe bereits bei geringen Temperatursteigerungen Öle absondern. Von den **Ölkuchen** sind wegen ihrer Neigung zur Selbentzündung besonders Palmkernkuchen und Kokoskuchen zu erwähnen. Leinkuchen, Rapskuchen und Erdnußkuchen sind weniger gefährlich. Bei Ölschrotladungen fallen **Sojabohnen- und Palmkernschrot** dadurch auf, daß sie in zahlreichen Fällen durch die ihnen anhaftenden Benzinrückstände zu Explosionen Anlaß gegeben haben. Gerade bei diesen beiden Gütern ist auf Grund ihres dichten Materialgefüges die fabrikationsmäßige Entfernung des Lösungsbenzins schwierig. Nur durch intensive Belüftung aller Schiffsräume bei gleichzeitiger Vermeidung von offenem Licht ist eine Einschränkung dieser Gefahr zu erwarten.

Ein den Ölsaaten ähnliches Verhalten zeigt auch **Fischmehl**, das besonders bei längerer Lagerung Fett absetzt und die Jutesäcke durchtränkt.

Bei fast allen diesen fetthaltigen Gütern ist beachtlich, daß Feuchtigkeit als Katalysator wirkt und die Selbstentzündung stark fördert.

Das Erkennen einer vorliegenden Selbsterwärmung ist sehr schwierig, am einfachsten noch dann, wenn die Ladung oder der Brennstoff in der ganzen Masse gleichförmig ist und als selbstentzündlich bekannt ist.

Zur Erkennung einer drohenden Selbstentzündungsgefahr sollten bei zur Selbstentzündung neigenden Ladungen Temperaturmeßeinrichtungen in möglichst großer Anzahl in den Laderäumen verteilt werden. Nur dann ist bei gefährlichem Temperaturanstieg damit zu rechnen, daß der Entzündungsherd rechtzeitig freigelegt und isoliert werden kann. Handelt es sich um gleichförmige Ladungen, so haben Temperaturmessungen nur geringen Wert.

Weitere einer Selbstentzündung von ölhaltigen und gefetteten Gütern vorbeugende Maßnahmen ergeben sich aus dem inneren Ursprung der Selbsterwärmung. Die Oxydation wird nur dann gefährlich, wenn genügend Luft vorhanden ist und außerdem die sich bildende Wärme nicht abfließen kann. Daraus folgt, daß zur Vermeidung der Selbstentzündung entweder für Luftabschluß zu sorgen ist, dies kann z. B. durch Einfuhr von Kohlensäure in den Laderaum geschehen, oder es sind genau im Gegensatz hierzu die Voraussetzungen für eine starke Lüftung der Ware zu schaffen.

Besonders zu unterstreichen ist die Tatsache, daß bei Ölsaaten und deren Nebenprodukten die Gefahr der Selbstentzündung fast völlig behoben ist, wenn diese Waren als Schüttgut, d. h. in loser Form und ohne Sackumhüllung verladen werden.

Eine andere Gruppe von gefährlichen Schiffsgütern dieser Art fällt unter die Bezeichnung **„Sauerstoffträger"**; diese Stoffe geben den nur locker gebundenen Sauerstoff mehr oder weniger leicht ab und führen damit im Brandfall zu einer starken Beschleunigung der Verbrennung, unter Umständen auch durch eintretende chemische Reaktionen zur Entzündung organischer Stoffe.

Hauptvertreter dieser Gruppe sind **Kali- und Natronsalpeter.** An sich in reinem Zustande nicht brennbar, schmilzt Salpeter bei einer Temperatur von 300—400° C und gibt bei ca. 500° C Sauerstoff ab. Durch Verunreinigung mit Superphosphaten, soweit diese freie Schwefelsäure enthalten, tritt sofort eine Selbstentzündungsgefahr ein. Durch Einwirkung starker Säuren sind heftige Reaktionen mit Stichflammenerscheinungen und Verpuffungen zu verzeichnen. Das Verpackungsmaterial des Salpeters (Jutegewebe) wird durch die innige Berührung mit dem Nitrat außerordentlich leicht entzündlich. Der geringste Funke genügt zur Entflammung des Jutegewebes. Der durch die Erwärmung des Salpeters freiwerdende Sauerstoff fördert die Flammenbildung und die Verbreitung des Feuers in einem unvorstellbarem Maße. Vielfach sind auf Grund der plötzlich einsetzenden heftigen Reaktionsbeschleunigung explosionsartige Erscheinungen beobachtet. Bei einer Vermischung von Salpeter mit Kohle (durch unvollständige Verbrennung von chemischen Substanzen) sind in verschiedenen Brandfällen vernichtende Auswirkungen vorgekommen.

Das einfachste Mittel zur Vermeidung von Salpeterbränden besteht darin, Salpeter in loser Form (in Bulk) als Schüttgut zu verladen und den oder die mit Salpeter belegten Laderäume von allen sonstigen brennbaren Stoffen und Ladungsgütern völlig freizuhalten! Kann diese Maßnahme nicht durchgeführt werden, so ist unter allen

Umständen die Lagerung von Salpeter in der Nähe von irgendwelchen leicht entzündlichen oder zur Selbstentzündung neigenden Gütern zu vermeiden. Dabei ist es keineswegs notwendig, daß es sich um große Mengen leicht entzündlichen bezw. selbstentzündlichen Gütern handelt, also um Massengüter, für die die Vorschriften der Seefrachtordnung zu beachten sind. Es genügt bereits die Zusammenlegung von Salpeter mit einem einzigen Ballen Baumwolle, um bei Selbst- oder Fremdentzündung dieses Materials das Schicksal des Schiffes u. U. zu besiegeln.

Wird Salpeter mit irgendwelchen anderen Gütern gemeinsam verladen, so ist während der Reise für besonders gute Lüftung zu sorgen. Die übliche Raumbelüftung ist hierfür nicht ausreichend. Durch Öffnen der Luken ist zusätzlich starker Luftwechsel zu schaffen. Daneben sind die Temperaturen im Laderaum ständig zu überwachen. Nur dadurch besteht die Möglichkeit, eine gefahrbringende Erwärmung rechtzeitig zu bemerken und Abwehrmaßnahmen durchzuführen.

Neben diesen bisher behandelten besonders gefährlichen Gütergruppen, die in großen Mengen und in verschiedener Zusammenstellung auf fast jedem Frachtschiff anzutreffen sind, werden zahlreiche Stoffe meistens anorganischer Natur verladen, die im Gegensatz zu den vorherigen „Massengütern" nur in geringeren Mengen, vielfach als Stückgut, zum Transport gelangen.

Es handelt sich dabei um Stoffe, die bei sachgemäßer Verpackung und Verladung keine besonderen Gefahren bieten, die jedoch bei Nichtbeachtung dieser Voraussetzungen oder durch unvorhergesehene und unbeabsichtigte äußere Einflüsse, Wärme, Stoß, Erschütterung, Reibung, Vermischung mit anderen Stoffen, oder durch den Zutritt von Feuchtigkeit und Öl usw. chemisch wirksame Verbindungen eingehen und durch starke Reaktionen die Sicherheit von Schiff und Ladung bedrohen.

Bei der außerordentlichen Fülle der verschiedenartigsten Stoffe dieser Art ist eine nähere Behandlung nicht möglich. Trotzdem zwingen gerade die Mannigfaltigkeit der Güter und die nicht selten wechselnden Artbezeichnungen zu größter Vorsicht. Die Einleitung einer Katastrophe ist gegeben, wenn an einer einzigen kleinen Stelle der Ladung eine solche Reaktion ausgelöst wird.

Eine Gefahr besonderer Art liegt in der **Kohle**, die je nach den Verhältnissen als Betriebsstoff oder Ladegut zu behandeln ist. Kohlenbrände gelangen überwiegend in den Bunkern zum Ausbruch, Kohlenladungen sind demgegenüber weniger gefährdet. Überraschend ist die Beobachtung, daß unter anscheinend gleichen äußeren Bedingungen einzelne Schiffe während der ganzen Reise mit Bunkerbränden zu rechnen haben, auf anderen Schiffen dagegen solche Ereignisse nur in Ausnahmefällen eintreten, so daß die Entstehungsursache vermutlich weniger auf die Art der verwendeten Kohle als auf deren Lagerung zurückzuführen ist. Diese Annahme wird durch Beobachtungen unterstützt, die erkennen lassen, daß Schiffe, die zu stärkerem Rollen neigen, im besonderen Maße mit einer Selbstentzündung der Bunkerkohle zu rechnen haben, da durch die Erschütterungen eine Grusbildung beschleunigt und zugleich die Ansammlung der Gruskohle im unteren Teil des Bunkers begünstigt wird.

Eingehende während der letzten Jahre angestellte Ermittlungen haben ergeben, daß ca. 80 v. H. der entstehenden Bunkerbrände durch äußere Umstände bedingt sind und daher vermieden werden können.

Jede Kohle hat in mehr oder weniger hohem Maße die Neigung zur Selbstentzündung. Der Prozeß beginnt bei einer Temperatur von etwa 25° C durch Aufnahme von Luftsauerstoff und führt bei 200° bis 250° C zur Entzündung der Kohle. Die Sauerstoffabsorption ist abhängig von der Oberfläche der Kohle, d. h. sie steigt mit fallender Korngröße; bei völligem Luftabschluß besteht keine Selbstentzündungsgefahr. Feuchtigkeit in geringem Grade begünstigt die Sauerstoffaufnahme und beschleunigt damit die Selbstentzündung.

Als Ursachen des größten Teiles aller Bunkerbrände sind festgestellt:

1. Erwärmung der Kohle durch die Wärmeausstrahlung der Maschinen- und Kesselräume, Heizraumschächte, Dampfleitungen usw.,
2. Erwärmung der Kohle durch Luftzufuhr infolge undichter Schottwände, Türen usw.,
3. Erwärmung der Kohle durch zu starke oder nicht ausreichende Oberflächenventilation.
4. Erwärmung der Kohle durch Lagerung frischer auf älterer Kohle.

Die folgende Verteilung dieser Entstehungsursachen auf eine Gesamtzahl von über 300 ausgewerteten Bunkerbränden zeigt, daß meistens mehrere Faktoren gemeinsam wirken.

Entstehungsursache		Anzahl der Brände	
1. Unmittelbare Wärmezufuhr von außen			
a) nur Wärmezufuhr		139	45
b) Wärmezufuhr zu zwei verschiedenen Kohlensorten		24	8
c) Wärmezufuhr und gleichzeitig Luftzufuhr durch Undichtigkeiten der Bunker		21	7
d) a), b) und c) zusammen		6	2
e) Wärmezufuhr und fehlerhafte Lüftung		9	3
2. Erwärmung der Grenzschicht von zwei verschiedenen Kohlensorten			
a) Grenzschichterwärmung allein		26	8
b) Grenzschichterwärmung unter Mitwirkung von Luftundichtigkeiten		10	3
3. Luftundichtigkeiten		18	6
4. Fehlerhafte Lüftung		11	4
5. Selbsterhitzung allein oder aus nicht erkennbarer Ursache		45	14
		309	100

Die äußere Wärmezufuhr spielt demnach eine ausschlaggebende Rolle. Die nachstehende Zusammenstellung der Lage der einzelnen Brandherde läßt dies noch deutlicher erkennen und zeigt insbesondere, welcher Einfluß von den wärmeausstrahlenden Schornsteinschächten und Kesselschächtwänden ausgeht.

Lage des Brandes	Wärmezufuhr von außen	Grenzschichterwärmung	Luftundichtigkeit	Lüftungsfehler	Selbsterhitzung	Insgesamt	v. H.
Querbunker	8	23	17	2	18	68	18
Unt. Seitenbunker	68	27	15	1	2	113	29
Zwischendeck	108	12	18	11	5	154	40
Brückenräume	12	3	1	1	3	20	5
Unt. Laderäume	3	1	4	5	17	30	8
Insgesamt	199	66	55	20	45	385	100
Hundertsatz	52	17	14	5	12	—	100

Die unteren Seiten- und Zwischendeckbunker sind der äußeren Wärmezufuhr leicht zugänglich und daher am meisten gefährdet. Luftundichtigkeiten entstehen vielfach durch Abrosten des unteren Teiles der Außenwände (untere Seitenbunker), durch Umkleidung von Luft- und Peilrohren, durch losnehmbare Endschotte aus Holzplanken usw.

Wenn auch der durch Bunkerbrände entstehende wirtschaftliche Schaden in Hinsicht auf den hohen Anteil dieser Brandart an der Gesamtzahl der Schiffsbrände verhältnismäßig gering ist, so darf doch nicht übersehen werden, daß jederzeit mit der Übertragung des Bunkerbrandes durch die Schottwände hindurch auf die Ladung gerechnet werden muß. Es ist daher notwendig, alle Möglichkeiten zur Vermeidung der in der Selbstentzündung von Kohlen liegenden Gefahr anzuwenden.

Zu beachten ist, daß besonders frisch gebrochene Kohlen und deren Kohlenstaub zur Selbstentzündung neigen, letzterer ist außerdem in feinster Verteilung explosionsgefährlich. Beim Laden ist durch Verringerung der Fallhöhe eine Grusbildung nach Möglichkeit zu verhindern. Die Erwärmung der Kohle ist nicht von der Schichthöhe (als Druckhöhe betrachtet) abhängig. Die Schichthöhe ist nur dadurch von gewissen Einfluß auf die Selbstentzündungsgefahr, weil sie die Abführung der als Einleitung der Selbstentzündung entstehenden Wärme erschwert.

Die Belüftung der Bunker- und Laderäume sollte sich auf eine reine Oberflächenventilation beschränken, deren Aufgabe darin liegt, die von der Kohle abgegebenen brennbaren und explosionsfähigen flüchtigen Kohlenwasserstoffe abzuführen. Aus diesem Grunde sollte jeder abgeschlossene Bunker mit je einem Sauge- und Drucklüfter versehen sein.

Zur Überwachung des Verhaltens der Kohle sind tägliche Temperaturmessungen erforderlich. Hierfür werden Peilrohre in einem Winkel von etwa 45°—50° gegen die Horizontale in die Kohle eingeführt und Messungen in verschiedener Höhe vorgenommen. Hat die

Wärmeentwicklung eine Höhe von etwa 40°—50° C erreicht, so liegt damit eine kritische Temperatur vor, bei der mit einer beschleunigten Entwicklung der Selbstentzündung zu rechnen ist.

Als Abschluß dieser Betrachtung über die in den verschiedenen Schiffsgütern liegende Feuersgefahr ist zusammenfassend festzustellen, daß eine „Zündgefahr", d. h. die Entzündung eines brennbaren Stoffes durch fremde (äußere) Ursachen, bei fast allen Schiffsladungen auf Grund ihrer eigenen Struktur, bezw. ihres Verpackungsmaterials vorliegt. Außerdem neigen zahlreiche Güter zur Selbstentzündung, einem Oxydationsvorgang, dessen Verlauf im wesentlichen von der Temperatur und von der chemisch wirksamen Oberfläche abhängig ist. Besonders die Temperatursteigerung, mit der in Laderäumen stets gerechnet werden muß, bedingt durch die damit zusammenhängende Wärmestauung eine bedenkliche Reaktionsbeschleunigung.

Die Feuersgefahr ist im allgemeinen verhältnismäßig gering bei einheitlichen Ladungen. Hier kann durch vorsorgliche Maßnahmen eine Zündgefahr entweder vermieden und wenigstens so rechtzeitig erkannt werden, daß eine wirksame Abwehr vielfach möglich ist. Im Gegensatz hierzu erweist sich die Durchführung von Feuerverhütungsmaßnahmen gegenüber der Entzündungsgefahr gemischter Ladungen als außerordentlich schwierig und wenig erfolgversprechend.

Wohn- und Aufenthaltsräume.

Abgesehen von der auf die Ladung zurückzuführenden und im vorhergehenden Absatz behandelten Feuersgefahr liegt ein außerordentliches Gefahrenmoment in der Ausgestaltung der Wohn- und Aufenthaltsräume auf Fahrgast- und Frachtschiffen, die im Zusammenhang mit der wachsenden Schiffsgröße zu einem ausgedehnten Einbau von brennbaren bezw. leicht entzündlichen Be- und Verkleidungsstoffen geführt hat. In enger Verbindung damit steht die weitgehende Versorgung fast aller Räume mit hochgespannten elektrischen Strömen für Beleuchtungs- und Heizungszwecke und dergl.

In den Wohnräumen sind auf engstem Raum außerordentliche Mengen leicht brennbarer Verkleidungsstoffe eingebaut. Neben den Dekorationsstoffen sind dies insbesondere die zur Bekleidung der Eisenplatten verwendeten Sperrholztafeln. Neben ihrem niedrigen Brennpunkt von annähernd 300° C begünstigt der zwischen der Holzverkleidung und der Eisenwand entstehende Hohlraum die Entwicklung eines Brandes derart, daß er sich weiter verbreiten kann, ohne sich nach außen bemerkbar zu machen und durch irgendwelche baulichen Einrichtungen eine natürliche Begrenzung zu finden.

Diese Feststellungen sind seit Jahrzehnten bekannt, ohne indessen bis vor kurzem genügend beachtet zu werden. Die um die Jahrhundertwende vorgekommenen Brände größerer Fahrgastdampfer („Bremen",

„Main", „Saale" in New York, „Volturno" auf See) hatten bereits erwiesen, daß die Feuerschutz- und Feuerverhütungseinrichtungen auf den Seeschiffen als unzureichend angesehen werden mußten. Der Gedanke der Notwendigkeit der Unterteilung der Schiffe in unter sich getrennte Feuerabschnitte mit dem Ziel einer erhöhten Feuersicherheit hatte damals noch nicht recht Wurzel gefaßt. Der Bau eines Schiffes wurde eigentlich nur nach den Gesichtspunkten einer genügenden Festigkeit der Verbände und einer als ausreichend erachteten Sicherung der Schwimmfähigkeit ausgeführt. Bei der damaligen verhältnismäßig geringen Größe der Schiffe (die Fahrgastdampfer im Nordatlantikverkehr der damaligen Zeit hatten nur etwa 8000 BRT. Raumgehalt) und der geringen Höhe der Aufbauten erschienen besondere Maßnahmen zur Verbesserung des Feuerschutzes auch nicht erforderlich. Erst bei den modernen Fahrgastschiffen mit großen Aufbauten begann man auch die Aufbauten durch Feuerschotte in einzelne Feuerabschnitte zu unterteilen, weil nur dann die Möglichkeit besteht, einen Brand auf seinen Herd oder im ungünstigen Falle auf einen Feuerabschnitt beschränken zu können.

Diese Erkenntnis ist von grundlegender Bedeutung für den Feuerschutz von Fahrgastschiffen, weil eine Übertragung des Feuers über sämtliche Räume nur dann verhindert werden kann, wenn es gelingt, das Feuer während seines Entstehens niederzuschlagen oder wenn die Feuerschotte nach beiden Seiten einen sicheren unüberschreitbaren Grenzwall bilden.

Es kann nicht oft genug darauf hingewiesen werden, daß eiserne Schottwände der Übertragung eines Feuers, d. h. dem Durchgang von einem Raum auf den benachbarten keinen nennenswerten Widerstand entgegensetzen. Die gleiche Betrachtung gilt unverändert auch für Horizontalbegrenzung in Gestalt der ungeschützten eisernen Decks.

Dieses gerade für den Feuerschutz der Fahrgastschiffe sehr oft verhängnisvolle Verhalten eiserner Konstruktionen gegenüber dem Wärmedurchgang wird noch weiter beeinträchtigt durch das Nachlassen der Festigkeit unter dem Einfluß höherer Temperaturen. Bei der im Brandfalle jederzeit zu erwartenden Erwärmung auf 800° C ist die Festigkeit auf etwa 6—8 v. H. des bei normaler Temperatur vorhandenen Wertes abgesunken. Daher erleiden besonders die im Innern des Schiffskörpers liegenden Eisenkonstruktionen, Schottwände, Zwischendecks, Unterzüge und Deckstützen meistens die stärksten Beschädigungen, weil sie dem wirksamen Einfluß der Löschkräfte entzogen sind. Hieraus geht hervor, wie außerordentlich wichtig es ist, bei Bränden dafür zu sorgen, daß gefährdete Trennungsschotte in geeigneter Weise gekühlt werden, um ein Übergreifen des Brandes auf benachbarte Abteilungen zu verhüten.

Ein Feuerschott kann nur dann als zweckmäßig anerkannt werden, wenn es während einer längeren Zeit (mindestens 1 Stunde) den

Durchgang von Feuer und Rauch wirksam verhindert und gleichzeitig die Temperatur auf der dem Feuer abliegenden Seite nicht über 165° ansteigen läßt. Dieses gilt ohne Einschränkung auch für sämtliche in den Feuerschottwänden vorhandenen Türen.

In diesem Zusammenhang muß erwähnt werden, daß der vielfach verwendete Steinholz- oder Litosilobelag die Widerstandskraft eiserner Decks gegenüber dem Wärmedurchgang im Brandfall sehr beträchtlich verstärkt. Im Vergleich damit verhalten sich Deckbeläge aus Gummi- oder Linoleumplatten viel ungünstiger, weil sie trotz schlechter Wärme- leitung bei höheren Temperaturen umfangreiche Rauchgasmengen ent- wickeln und schließlich mit eigener Flamme brennen.

Zwei innerhalb des Hohlraumes zwischen Sperrholzverkleidung und Eisenwand liegende Brandursachen sind sehr oft festgestellt. Erstens dient der schachtartige Raum zur Unterbringung elektrischer Lichtleitungen, die durch Kurzschluß zur Entzündung der Kabelisolierung und anschließend der Sperrholzplatten führen können und zweitens liegt die Gefahr in einer schwachen weit vom Entzündungspunkt des Sperrholzes liegenden, aber ständig einwirkenden Erwärmung der Holzverkleidung; sie entsteht vielfach durch Heizkörper oder, wenn die Eisenwand gleichzeitig den Maschinen- oder Kesselraum begrenzt, durch die Wärmestrahlung eines nahe der Eisenwand verlegten Abgasschachtes usw. In beiden Fällen ist eine allmähliche Umwandlung des Holzes unter Bildung der gefährlichen Röstkohle zu beobachten. Diese fein- porige Kohle hat die Eigenschaft, den Sauerstoff der Luft in großen Mengen auf ihrer Oberfläche zu verdichten, und durch die damit zu- sammenhängende starke Temperaturerhöhung das Sperrholz zu ent- zünden.

Selbst Eisenwände ohne jede Verkleidung sind zur Übertragung eines Feuers geeignet durch den Farbanstrich, der oft, besonders bei helleren Farbtönen, eine erhebliche Schichtstärke erreicht. Für große Fahrgastschiffe sind ggf. bis zu 100 000 qm Farbanstrich erforderlich. Bei einem Verbrauch von etwa 0,15 kg/qm werden also bereits bis zur ersten Indienststellung des Schiffes rund 60 T. Farbe verarbeitet, und nach wenigen Jahren führt ein derartiges Schiff schon rund 150 bis 200 T. Farbe mit sich. An freiliegenden Eisenwänden von Aufbauten älterer Schiffe sind verschiedentlich Farbschichten bis zu 4½ kg/qm festgestellt worden. Diese bedeutenden Mengen eines über das gesamte Schiff verteilten und verhältnismäßig leicht brennbaren Materials sind im besonderen Maße geeignet, die Entwicklung und Ausdehnung eines Brandes zu fördern. Dabei ist es von untergeordneter Bedeutung, ob es sich um alte ausgetrocknete oder um frisch aufgetragene Farbanstriche handelt. Werden an Stelle der Ölfarben Zelluloselacke, Zaponlacke und dergl. verwendet, so wächst die Feuersgefahr ins ungemessene. Es ist daher dringend erwünscht, für Innenanstriche nicht oder schwer brennbare Farben zu bevorzugen.

Zu der verschiedentlich empfohlenen Schwerentflammbarmachung organischer Stoffe, z. B. von Holz, Gewebe und dergl. wird zur Aufklärung bemerkt, daß die Wirksamkeit dieser „Imprägnierung" zeitlich begrenzt ist. Sie muß also in verhältnismäßig kurzen Abständen ständig wiederholt werden. Außerdem ist es mit allen heute bekannten Imprägnierungsmitteln nicht möglich, Holz oder Gewebe unbrennbar zu machen. Der Erfolg einer Imprägnierung beruht darauf, den Zündpunkt z. B. von Holz, der vor der Behandlung bei etwa 300° C liegt, um einen bestimmten Betrag zu erhöhen. Wird im Verlauf eines Brandes dieser erhöhte Zündpunkt erreicht, so brennt das imprägnierte Material genau so wie unbehandeltes.

Die außerordentliche Gefahr sämtlicher in den Wohn- und Aufenthaltsräumen entstehenden Brandherde liegt darin, daß die Entwicklung des Feuers unbemerkbar einsetzt und sich unter dem Schutz der Verkleidung über große Teile des Schiffes ausdehnen kann, da durch Kabel-, Belüftungs- und sonstige Kanäle zusammen mit den durch Eisenwände und Holzverkleidung gebildeten Schächten ein miteinander in Verbindung stehendes Netz von Hohlräumen entsteht, das im Brandfall durch die Zugwirkung die schnelle Ausdehnung des Feuers auf andere Räume in bedrohlicher Weise begünstigt.

Hat der Brandherd nach Überschreiten seines Entwicklungsstadiums eine bestimmte Größe angenommen, so erfolgt unter dem Einfluß der Kanäle, Treppenhaus- und Fahrstuhlschächte und dergl., eine Unterteilung in eine Reihe von Einzelbränden, die sich nach den verschiedenen Richtungen ausdehnen, und damit die Ursache bilden für die vielfach beobachtete gleichzeitige Entzündung von örtlich getrennt liegenden Wohn- und sonstigen Aufenthaltsräumen.

Tankschiffe.

Die umfangreiche Verwendung von **Mineralölen** für die verschiedensten Zwecke bedingt eine starke Erhöhung der Feuersgefahr, die begründet ist einerseits durch die leichte Entzündlichkeit der Öle und durch die Explosionsfähigkeit der mit Luft vermengten Öldämpfe, andererseits durch die schnelle Übertragung und Ausdehnung eines Brandes durch ausfließendes Öl und die Schwierigkeit, Ölbrände auf Schiffen erfolgreich bekämpfen zu können.

Diese Gefahren sind natürlich in ähnlichem Ausmaß auch bei Landbetrieben zu finden. Die besondere, ausschließlich dem Schiff eigene Gefahr wird erst erkenntlich bei gleichzeitiger Berücksichtigung der Öllagerung.

Während in Landanlagen die Unterbringung des flüssigen Brennstoffes mit der Erfüllung weitgehender Vorsichtsmaßnahmen verbunden ist (Schutzzonen zwischen Ölvorrat und Feuerstellen, vielfach unterirdische Lagerung der Ölbehälter usw.) befinden sich auf Schiffen größte Mengen von Mineralölen in einfachen eisernen Behältern nicht selten in unmittelbarer Nähe von Feuerstellen und teilweise an Räume angrenzend, die als besonders feuergefährlich bezeichnet werden müssen.

Die eigentliche Gefahr der Mineralölladungen auf Tankschiffen liegt also darin, daß durch einen an sich geringfügigen Brand im Maschinen- oder Pumpenraum oder an anderer Stelle die Ladungsöltanks sehr leicht in Mitleidenschaft gezogen werden können, der Brandherd also damit Ausmaße annimmt, die die Sicherheit des Schiffes in bedenklicher Weise herabsetzen, wenn nicht sofort umfangreiche Löschmittel zur erfolgreichen Bekämpfung des Feuers zur Verfügung stehen.

Mineralöle selbst sind nicht brennbar, sondern nur ihre Dämpfe und diese auch nur dann, wenn sie mit Luft vermischt sind. Die Entwicklung der Öldämpfe setzt voraus, daß das Öl eine bestimmte Mindesttemperatur (Flammpunkt) erreicht hat.

Die Öldämpfe sind schwerer als Luft. Sie haben daher die Neigung in Schächte hinabzufallen und sich dort an tiefster Stelle anzusammeln. Eine Entzündung der Dämpfe bewirkt unter Umständen ein Zurückschlagen der Flammen zum Entstehungsort der Gase.

Wenn Mineralöle auch nicht selbstentzündlich sind, so ist doch durch die geringste Funkenbildung die Sicherheit des ganzen Schiffes derart gefährdet, daß alle Vorkehrungen zur Verhütung und Bekämpfung eines solchen Brandes getroffen werden müssen.

Die größte Gefahr der Brandentstehung liegt bei Tankschiffen in den Maschinen- und Kesselräumen, in geringerem Maße auch im Pumpenraum. Die wirkliche Gefahr der Tankschiffe liegt darin, daß sich von diesen Räumen aus das Feuer auf die Ölladetanks ausdehnen kann. Daher sind die in späteren Abschnitten angestellten Betrachtungen über die Sicherheit von Ölfeuerungs- und Motoranlagen von ganz besonderer Bedeutung.

Bei Tankschiffen ist besonders darauf zu achten, daß der Brennstoff vollkommen von der Ladung getrennt sein muß. Durch geeignete Maßnahmen ist sicherzustellen, daß auch bei falscher Ventilbedienung niemals das Öl (z. B. Benzin) der Ladungstanks den Ölbrennern zugeführt werden kann.

In der **Benzinladung** liegt naturgemäß die größte Feuersgefahr. Da aber im Falle einer Entzündung keine wesentlichen Unterschiede zwischen den verschiedenen Ladungsölen vorliegen, verlangen alle flüssigen Brennstoffe ähnliche Vorsichtsmaßnahmen.

Ein Gefahrenhöhepunkt besteht während des Be- und Entladens. Sind sämtliche Tanks gefüllt und alle Öffnungen verschlossen und gesichert, so ist die Entzündungsmöglichkeit verhältnismäßig gering. Ganz anders ist es während des Ladens und Löschens; dann wird das Öl bewegt und große Mengen von Öldampf werden frei. Die Tanks selbst sind nur teilweise gefüllt. Über dem Öl liegen gesättigte Öldämpfe oder ein Öldampf-Luftgemisch, in jedem Fall also ein leicht entzündliches bezw. explosives Gas.

In diesem gefährlichstem Stadium ist es zur Verhütung einer Brandkatastrophe notwendig:
1. jede Möglichkeit der Entstehung eines Funkens und jedes offene Feuer oder Licht auf dem Schiff zu vermeiden,
2. die Gase an ungefährlicher Stelle möglichst weit oberhalb des freien Hauptdecks abzuführen, die Lukendeckel dicht zu schließen und alle sonstigen unmittelbaren Verbindungen zwischen Ladungsöl und Außenluft (Entgasungsöffnungen, Über-Unterdruckventile usw.) mit einwandfreien Flammendurchschlagsicherungen zu versehen.

Es ist selbstverständlich, daß während des Be- und Entladens von Ölen der Gefahrenklassen 1 und 2 für das Schiff ein sämtliche Räume umfassendes Rauchverbot bestehen muß. Ebenso sind alle übrigen Feuer an Bord zu löschen. Dazu gehören auch die Küchenfeuerstellen.

Bei Benzinladungen dürfen schiffseigene Pumpen nur verwendet werden, wenn sie Dampfantrieb haben und der Dampf vom Lande geliefert wird.

Die elektrische Stromversorgung und der Betrieb von Explosionsmotoren sind stillzulegen.

Solange sich Öle und Öldämpfe in den Tanks befinden, sollten die Lukendeckel der Expansionsschächte ständig dicht verschlossen gehalten werden. Nur den vorhandenen Entgasungsleitungen, bezw. den Über-Unterdruckventilen kommt die Aufgabe zu, während des Be- und Entladens für den notwendigen Druckausgleich zu sorgen.

Tankdeckel und ebenso Peilöffnungen dürfen nur geöffnet werden, wenn der Tank entlüftet und gasfrei gemacht werden soll.

Auch wenn der Tank leer ist, gelten diese Bestimmungen unverändert.

Während des Be- und Entladens ist das Schiff mit Manilaleinen zu vertäuen. Außerdem sind Drahttaue zum sofortigen Abschleppen bereitzulegen.

Größte Sorgfalt ist anzuwenden, um das Überfluten eines Tanks zu vermeiden. Bei den großen Pumpenleistungen darf diese Gefahr nicht unterschätzt werden. Durch entsprechende Ventilbetätigung ist rechtzeitig für die Umschaltung des Förderöles auf einen freien Tankraum zu sorgen. Da es sich vielfach um Kolbenpumpen handelt, besteht bei verspäteter Umschaltung neben der Gefahr des Überflutens die Möglichkeit, daß Rohr- und Schlauchbrüche eintreten. Wenn ein Tank nahezu gefüllt ist, muß der Pumpenlauf ermäßigt werden.

Während der Dunkelheit ist das Laden und Löschen von Tankschiffen in vielen Häfen verboten, weil die Arbeit im Dunkeln naturgemäß schwieriger ist. Wenn aber gute Beleuchtung vorhanden ist, sollte die Abfertigung auch während der Nachtzeit zugelassen werden.

Nach Beendigung des Entladens besteht die Feuersgefahr unverändert weiter, so lange die Tanks mit einem hochexplosiblen Öldampf-Luftgemisch angefüllt sind. An den Tanks und in ihrer Nähe darf daher nicht gearbeitet werden, so lange nicht die Gasfreiheit durch amtliche Nachprüfung bestätigt ist. Sind längere Arbeiten auszuführen, so ist die Tankprüfung täglich erneut vor Beginn der Arbeit vorzunehmen.

Zur Entgasung sollten die Benzintanks bei völlig geschlossenen Luken etwa 12 Stunden unter Dampf gesetzt werden; nach dem Freilegen sämtlicher Tanköffnungen ist den Räumen während weiterer 3—4 Stunden Dampf zuzuführen. Während der Ausführung von Reparaturarbeiten sind diese Räume durch Druckluft oder „Windsäcke" ständig zu belüften, da auch nach der Entgasung eine Verdampfung der hinter den Nietköpfen usw. befindlichen Brennstoffreste erfolgt und zahlreiche auf diese Ursache zurückzuführende Explosionen zu verzeichnen sind. Eine folgenschwere Explosion ist erst kürzlich wieder bei einem Zusammenstoß eingetreten, weil die Tanks anscheinend nicht genügend entgast gewesen sind.

Wenn alle diese zum Teil sehr einschneidenden Maßnahmen beachtet werden, so lehrt die Erfahrung, daß die Gefahr der Entstehung eines Brandes auf Tankschiffen im Vergleich mit anderen Schiffsgruppen nicht wesentlich höher einzuschätzen ist. In besonderem Maße gilt jedoch für Tankschiffe, daß zweckmäßige und ausreichende Löschmittel ständig betriebsbereit zur sofortigen Verfügung stehen, und jedes Mitglied der Besatzung über die Inbetriebnahme dieser Anlagen eingehend unterrichtet ist.

Ölfeuerungs- und Ölmotoranlagen.

Die Ölfeuerung ist im allgemeinen gefährlicher als die Dieselanlage, weil das Heizöl stark vorgewärmt werden muß und in dem Kesselraum stets offenes Feuer vorhanden ist. Die größte Gefahr liegt im Bereich der Kesselfront und in der Brennstoffleitung vom Vorwärmer bis zur Düse.

Fahrgastschiffe sind grundsätzlich stärker gefährdet, weil durchweg mehrere Gefahrenzonen vorhanden sind und auch die Lüftungsverhältnisse meist ungünstiger sind.

Beim Bunkern des Öles ist vielfach die Neigung zu beobachten, das Öl in einem stark erwärmten Zustand überzupumpen. Es sollte aber zu diesem Zweck nie über seinen Flammpunkt erwärmt werden, da andernfalls brennbare Öldämpfe entstehen, und die in der Nähe der Bunker liegenden Feuerstellen (Kessel, Ofen, Küchenherde usw.) eine ständige Entzündungsgefahr bilden. Außerdem machen sich mit steigender Öltemperatur Undichtigkeiten an Rohrleitungen und Bunkerwänden in zunehmendem Maße bemerkbar, so daß erwärmtes Öl frei in den Maschinen- und Kesselraum fließen und sich dort entzünden kann.

Zum Überpumpen des Brennstoffes ist zwischen Bunkerfahrzeug und Schiff eine an beiden Enden durch Schraubbolzen gesicherte Schlauchverbindung herzustellen. Die Leitungen müssen mit Gefälle verlegt sein, so daß beim Lösen der Schlauchverbindung nach Beendigung des Bunkerns keine restlichen Ölmengen auf das Deck ausfließen können.

Daß das Überfluten der Ölbunker unter allen Umständen durch sorgfältige Überwachung des Pumpbetriebes zu vermeiden ist, dürfte selbstverständlich sein.

Während des Öltransportes ist das Hauptaugenmerk darauf zu richten, die Maschinen- und Kesselräume, in erster Linie Flurplatten, Bilgen und Tankdecke von Ölresten freizuhalten oder, was gleichbedeutend damit ist, alle Undichtigkeiten in den Bunkern, Rohrleitungen und Rohrverbindungen zu vermeiden.

Im übrigen sind beim Transport und Gebrauch des Brennstofföles die bereits vorstehend erwähnten Sicherheitsmaßnahmen zu beachten, wobei besonders darauf hinzuweisen ist, daß bei Motoranlagen die ölführenden Leitungen einem bedeutend höheren Druck (bis zu 200 Atm.) ausgesetzt sind.

Für Tankschiffe, die bei einem Brand im Maschinen- und Kesselraum besonders gefährdet sind, ist es von größter Bedeutung, die Ansammlung von Ruß und Brennstoffresten in der Rauchkammer und im Schornstein zu vermeiden, da der bei einem Schornsteinbrand auftretende Funkenflug die Sicherheit des Schiffes in stärkstem Maße gefährdet. Durch genaue Einstellung der Brenner ist für eine vollkommene Verbrennung des Öles Sorge zu tragen, außerdem sollten die gefährdeten Räume, abgesehen von der häufigen Anwendung des Rußbläsers, in regelmäßigen Abständen, mindestens alle 4 bis 5 Monate gereinigt werden.

Beim Löschen und Laden ist stets ein zweckmäßig durchgebildeter Funkenfänger einzuschalten.

Lichtbildwerferraum und Filmlager.

Eine besondere Gefahr bilden die auf fast allen Fahrgastschiffen vorhandenen Filmvorführungsanlagen und Filmlagerräume, weil sie wegen der beengten Raumverhältnisse an Bord oft ungünstig angeordnet sind.

Bei der Handhabung des Films ist zu beachten, daß Filme nicht selbstentzündlich sind, zu ihrer Entzündung aber eine sehr geringe Temperatursteigerung ausreicht. Die Ablage einer Filmrolle auf dem

Körper einer Zentralheizung kann bereits eine Entzündung verursachen. Bei jeder Filmverbrennung sind zwei Stadien zu unterscheiden:

1. die flammenlose Zersetzung unter Bildung großer Mengen von hoch giftigen und explosionsfähigen Gasen,
2. die Verbrennung unter offener Flammenbildung.

Meistens werden beide Arten gleichzeitig auftreten. Die Brenngeschwindigkeit des Films ist ganz außerordentlich groß. Dementsprechend ist wegen der in kurzer Zeit freiwerdenden Wärmemengen mit bedeutenden Temperatursteigerungen zu rechnen. In den beengten Schiffsräumen wird nach Einleitung der Entzündung sehr oft die zur Verbrennung notwendige Frischluftmenge fehlen, so daß die offene Verbrennung in die noch gefährlichere Zersetzung übergeht. 1 kg Film entwickelt 15 cbm Zersetzungsgase.

Beim Umgang mit Filmen ist also größte Vorsicht zu beachten.

Entsteht trotz aller Vorsicht ein Filmbrand, so sind Ablöschversuche nur dann von Erfolg, wenn sie in den ersten Augenblicken einsetzen. **Hat das Feuer die eigentliche Filmrolle ergriffen, so ist jeder Löschversuch zwecklos.** In solchem Falle bleibt nichts anderes übrig, als das völlige Abbrennen abzuwarten und gleichzeitig jede Auswirkung des Filmbrandes auf benachbarte Teile der Schiffsräume durch den Einsatz von Schläuchen abzuwehren.

4. Stunde.

Feuermeldeanlagen.

Im Gegensatz zu den übrigen Schadensfällen ist ein Brandherd dadurch besonders gekennzeichnet, daß er sich nach seinem Entstehen ständig in kürzester Zeit nach allen Richtungen hin entwickelt und zwar ähnlich einer Lawine an Umfang zunehmend. **Jede für die Brandbekämpfung unausgenutzt verstreichende Zeit vergrößert den Sachschaden und kann unter keinen Umständen wieder eingeholt werden.** Es muß immer wieder betont werden, daß auch die größten Brandkatastrophen durch meist unbedeutende und nicht beachtete Ursachen entstanden sind. Jedes Schadenfeuer ist in seiner ersten Entwicklung, d. h. während des Entstehens so klein, daß es zu seiner Entdeckung besonderer Aufmerksamkeit bedarf. In dieser Erkenntnis und den sich daraus ergebenden Folgerungen liegt eine der Grundlagen für die erfolgreiche Brandbekämpfung.

Der Ausbruch eines Brandes an Bord bedeutet stets eine außerordentlich große Gefahr, weil das Schiff während der Reise von jeder fremden Hilfe abgeschnitten ist. Neben der Feuerverhütung kommt es daher in ganz besonderem Maße auf eine rechtzeitige Feuererkennung und Feuermeldung an. Die beste Gewähr für ein rechtzeitiges Erkennen eines Brandes an Bord, im besonderen auf einem großen Fahrgastschiff, bietet immer noch ein gut organisierter Wachdienst durch geschulte Leute (d. h. Feuerschutzleute), die in der Lage sein müssen, einen Entstehungsbrand sofort und energisch, ohne großes Aufsehen, bekämpfen zu können. **Auf automatische Feuermeldeanlagen darf man sich niemals unbedingt verlassen;** soweit bewohnte Räume in Frage kommen, dürfen sie nur als Unterstützung des Wachdienstes angesehen werden. Für das Erkennen eines in einem unbewohnten Raum — Laderäume, Provianträume, Vorratskammern, Gepäck- und Posträume, Kabelgatts — sind sie dagegen von unschätzbarem Wert, weil sie der Schiffsleitung den Ausbruch eines Feuers auf schnellstem Wege anzeigen und dadurch die Einleitung von Gegenmaßnahmen ermöglichen, solange sich das Feuer noch auf einen geringen Umfang beschränkt.

Die sogenannten Rauchmeldeanlagen haben sich nach langjähriger Erprobung als durchaus zweckmäßig und zuverlässig erwiesen. Ihre Wirksamkeit beruht darauf, daß nahezu sämtliche Schiffsbrände durch eine starke Rauchentwicklung gekennzeichnet sind. Unter Verwendung eines mit den verschiedenen Räumen in Verbindung stehenden Rohrnetzes, das durch eine vorgesehene Ventilschaltung gleichzeitig zum Transport der Gas- bezw. Dampffeuerlöschmittel verwendet wird, werden etwa auftretende Rauchgase durch ein ständig in Betrieb befindliches Unterdruckgebläse einem „Rauchmeldeschrank" zugeführt und können durch den

Augenschein sofort wahrgenommen werden. In letzter Zeit ist dieses System noch weiter durchgebildet und mit einer lichtempfindlichen Zelle bzw. einem elektrischen Widerstand ausgerüstet, wodurch eine Rauchgasbildung über einem Signalgeber auch akustisch angezeigt wird. Die modernen Anlagen dieser Art sind gewöhnlich mit einer Kohlensäurefeuerlöschanlage kombiniert, dergestalt, daß nach Öffnen eines Ventils durch die Rohrleitung nach dem gefährdeten Raume Kohlensäure einströmen kann.

Eine andere Gruppe der selbsttätigen Feuermeldeeinrichtungen läßt die vom Brandherd ausgehende Wärme auf sogenannte Thermo-Melder einwirken; diese Melder sind in einen elektrischen Stromkreis eingeschaltet und unterbrechen bzw. schließen diesen Kreis im Normalzustand. Unter dem Einfluß einer auf etwa 60°—65° C erhöhten Temperatur schließt eine eingekapselte Luftmenge oder ein Metallstreifen durch Ausdehnung den Stromkreis oder bewirkt durch Abschmelzen eine Unterbrechung und betätigt damit einen Feueralarm.

Bei einem Vergleich beider Systeme läßt die vorstehende kurze Darstellung schon erkennen, daß die Rauchmeldeanlage betriebstechnisch einfach und von sicherer Wirkung ist, solange es sich um geschlossene Räume handelt. Unter Berücksichtigung der hohen Betriebssicherheit und der geringen Betriebs- und Unterhaltungskosten ist dieses System als das günstigste anzusprechen. Thermomeldeanlagen sind daher auf neueren Schiffen nur in Ausnahmefällen eingebaut und auch dann durchweg nur in den Aufenthaltsräumen der Fahrgäste und der Besatzung, d. h. in solchen Räumen, die gewissermaßen als „halboffen" zu bezeichnen sind, in denen bei einem Brande also, im Gegensatz zu den meisten übrigen Schiffsräumen, mit einer verhältnismäßig günstigen Luftzufuhr und damit im Zusammenhang stehend auch mit einer schnell ansteigenden Temperatur gerechnet werden kann. Da solche Räume naturgemäß den entstehenden Rauchgasen vielfach günstige Abzugsmöglichkeiten bieten, ist in diesen Einzelfällen, in denen besonderer Wert auf eine automatisch wirkende Anzeigevorrichtung gelegt werden muß, eine Thermomeldeanlage vorzuziehen. Da nur wenige Betriebserfahrungen vorliegen, sind nachstehend die grundlegenden Anforderungen technischer und sicherheitlicher Art angeführt:

Die zu schützenden Räume sind in Einzelgruppen so zu unterteilen, daß etwa 10—15 Fahrgastkammern einen in sich abgeschlossenen und mit eigener Stromquelle versehenen Abschnitt bilden.

Die Anlage ist derart auszuführen, daß eine in kurzen Abständen sich wiederholende Meldung weitergegeben wird, ohne daß in der Zwischenzeit eine Erneuerung oder Auswechslung einzelner Teile notwendig ist. Die Entstehung eines Feuers muß durch sichtbare und akustische Meldungen einer Zentralstelle angezeigt werden, in den meisten Fällen ist das Ruderhaus hierfür geeignet.

Der einzelne Melder ist auf eine Temperatur von ca. 65° C einzustellen. Zur Feststellung der Betriebsbereitschaft muß jeder Melder auf einfache Art und unter den im Brandfall zu erwartenden Verhältnissen geprüft werden können.

Sämtliche Teile der Anlage sind seewasserbeständig auszuführen. Außerdem ist die Anlage gegen starke Erschütterungen und Stöße zu schützen.

Wenn an Stelle eines automatischen Systems auf neuzeitlichen Fahrgastschiffen in den Wohn- und Aufenthaltsräumen vielfach von Hand zu betätigende Feuermelder angeordnet werden, welche in einer **ständig besetzten** Meldezentrale ein Alarmsignal auslösen, so ist darauf hinzuweisen, daß solche Anlagen nur dann ihrer Aufgabe gerecht werden können, wenn die Räume, für deren Schutz sie bestimmt sind, unter ständiger Bewachung stehen, und damit die Gewähr für die sofortige Entdeckung und Meldung eines Schadenfeuers während seines Entstehens vorhanden ist. Für Schiffsanlagen ist diese Voraussetzung von großem Einfluß, weil in den Wohnräumen, wie schon früher eingehend begründet wurde, mit einer außergewöhnlich schnellen Ausdehnung des Feuers gerechnet werden muß. Im Vergleich mit der Thermomeldeanlage ist dieses Meldesystem, soweit die Bordverhältnisse unter Berücksichtigung der vorstehenden Einschränkung den Einbau der Anlage gestatten, zu bevorzugen, da der technisch übersichtliche und gegen äußere Einflüsse geschützte Aufbau eine weitgehende Betriebssicherheit verspricht.

Geradezu gefährlich werden alle diese Anlagen, wenn sie durch unzureichende Wartung in Teilen oder in ihrer Gesamtheit ausfallen, ohne daß dieser Mangel sofort zu erkennen ist. Es wird dadurch eine Sicherheit vorgetäuscht, die nicht vorhanden ist.

So ist z. B. verschiedentlich beobachtet, daß ein oder mehrere der allgemein mit Beleuchtung versehenen und von Hand zu betätigenden Feuermelder aus irgendwelchen Gründen vorübergehend Betriebsstörungen erleiden, ohne diese Störung durch äußere Kennzeichen sichtbar zu machen. Im Brandfall würde die Betätigung eines solchen Feuermelders eine sehr erhebliche Verzögerung für den Einsatz der Löschkräfte bedeuten und nicht selten sogar entscheidend für das Schicksal des Schiffes sein.

Es muß unter allen Umständen verlangt werden, daß die technischen Feuermeldeanlagen möglichst betriebssicher sind. Jede Betriebsstörung muß selbsttätig angezeigt werden. Bei beleuchteten Handfeuermeldern kann es z. B. als ausreichend angesehen werden, wenn die Beleuchtung des jeweils von einer Störung betroffenen Melders selbsttätig abgeschaltet wird.

Sind solche durch den Augenschein oder durch akustische Zeichen sofort wahrnehmbare Störungszeichen nicht vorgesehen, so muß durch tägliche Überprüfung die Betriebssicherheit der Anlage gewährleistet sein.

Um bei einem ausgebrochenen Brande der Schiffsleitung möglichst ohne Verzug Kenntnis geben zu können, ist es unbedingt erforderlich, daß jedes Besatzungsmitglied die Lage der Feuermelder und deren Betätigung kennt. Hiervon sich in geeigneter Weise zu überzeugen,- ist eine besondere Pflicht der Feuerschutzleute. Da bei einem ausgebrochenen Brande das Unterbinden jeglichen Luftzuges in erster Linie wichtig ist, sind die neuesten Feuermeldeanlagen dergestalt mit der Stromversorgung der Lüftungsmaschinen verbunden, daß bei Betätigung eines Melders sämtliche Lüftungsmaschinen abgestellt und die Türen in den Feuerschotten und Treppenhäusern selbsttätig geschlossen werden. Erst nachdem feststeht, in welcher Abteilung Feuer ausgebrochen ist, und nachdem die betr. Abteilung abgeriegelt ist, soll in den angrenzenden Abteilungen die Lüftung wieder angestellt werden, um den Hilfsmannschaften das Arbeiten zu erleichtern. Neben der Meldung eines Feuers durch einen Feuermelder hat der das Feuer Entdeckende seinem nächsten Vorgesetzten Meldung zu machen bezw. durch einen Kameraden machen zu lassen. Jede unnötige Unruhe ist indes zu vermeiden. Läßt sich ein Entstehungsbrand nicht schlagartig löschen, dann ist sofort nachdem die Feuermeldung abgegeben ist, für etwa schlafende Personen Sorge zu tragen. In Wohndecks ist, vor allem tagsüber, auch auf etwa unter den Betten spielende Kinder zu achten.

---

5. und 6. Stunde.

Feuerlöschmittel auf Seeschiffen.

a) Allgemeines.

Die Voraussetzungen für das Zustandekommen und die Unterhaltung eines Brandes sind, wie bereits früher ausgeführt, das Vorhandensein von

1. Brennstoff,
2. Sauerstoff,
3. Wärme.

Will man also einen Verbrennungsvorgang unterbrechen, d. h. einen Brand ablöschen, so muß man wenigstens eine dieser Voraussetzungen beseitigen. Man muß entweder den brennbaren Stoff entfernen, die weitere Zufuhr von Sauerstoff unterbinden oder den brennbaren Stoff unter seine Entzündungstemperatur abkühlen. Die Löschung des Brandes ist also kein chemischer Vorgang. Je nach der Art des Brennstoffes und seiner Umgebung wird man verschiedene Anforderungen an das Löschmittel stellen und verschiedenartige Löschverfahren anwenden müssen. Auf Schiffen wird es nicht selten möglich sein, gleichzeitig mehrere dieser Voraussetzungen zu beseitigen.

Wasser.

Wasser ist das älteste und trotz aller technischen Neuerungen auch heute noch führende Löschmittel. Seine Vormachtstellung beruht darauf, daß es sehr billig ist und fast überall in unbegrenzten Mengen zur Verfügung steht. Außerdem besteht die Möglichkeit einer leichten Förderung durch Pumpen jeder Art, Leitungen und Schläuche und die Erzielung großer Wurfweiten und -höhen.

Das wichtigste Kennzeichen des Wassers als Löschmittel aber sind seine vorzüglichen Löscheigenschaften. Diese liegen zur Hauptsache darin begründet, daß einmal die spezifische Wärme, d. h. die Wärmemenge, die notwendig ist, um die Temperatur von 1 kg Wasser um 1° C zu erhöhen, sehr groß ist und außerdem bei der Umwandlung des auf 100° C erwärmten Wassers in Dampf weitere bedeutende Wärmemengen benötigt werden.

Die Hauptlöschwirkung des Wassers ist also auf seine Eigenschaft zurückzuführen, dem brennenden Körper große Wärmemengen zu entziehen, d. h. ihn möglichst unter seine Entzündungstemperatur abzukühlen.

Ergänzend kommt hinzu, daß das Wasser den brennenden Gegenstand einhüllt und dadurch den für die Unterhaltung der Verbrennung notwendigen Zutritt von Frischluft verhindert. Eine ähnliche Wirkung hat auch der während des

Löschvorganges in großen Mengen sich bildende Wasserdampf. Aus 1 Liter Wasser entstehen bei vollkommener Verdampfung etwa 1700 Liter Wasserdampf. Diese sich ständig erneuernde Dampfwolke verdrängt naturgemäß eine gleich große Menge von atmosphärischer Luft und beschleunigt damit den Löscherfolg.

Den vielen Vorteilen, die das Wasser als Löschmittel besitzt, stehen leider auch einige z. T. schwerwiegende Nachteile gegenüber, die in bestimmten Fällen seine Verwendung erschweren oder sogar unmöglich machen.

Brennende Öle können durch Wasser nur abgelöscht werden, wenn sie einen verhältnismäßig hohen Flammpunkt haben und wenn es gelingt, das Löschwasser in fein verteilter Form als Sprühregen über die ganze Ölfläche zu verteilen. Dann ist mit einer Abkühlung der brennenden Öloberfläche unter den Flammpunkt und dadurch mit der Ablöschung des Feuers zu rechnen. Da Benzin einen sehr tief liegenden Flammpunkt (— 20° C) hat, kann durch Löschwasser niemals eine genügende Abkühlung bis zu diesem Grenzwert erreicht werden. Es ist also zwecklos, in solchen Fällen Wasser als Löschmittel einzusetzen. Es besteht sogar die große Gefahr, daß das Benzin überfließt, sich verbreitet und auf dem Wasser schwimmend den Brand weiter trägt.

Gefahrvoll ist auch das Hineinspritzen von Wasser in brennende **pflanzliche** oder **tierische** Öle und Fette, weil diese sich durch ihre ganze Masse hindurch stark erhitzen; das in das Öl fallende Wasser verdampft dabei plötzlich und schleudert brennende Ölteilchen umher. Im Gegensatz dazu erwärmen sich **Mineralöle**, selbst wenn sie stundenlang brennen, nur unwesentlich. Die eigentliche Brandwärme wirkt sich erst in etwa 0,5 bis 1,0 m Höhe oberhalb des Ölspiegels aus.

Im Schiffsbetrieb werden also Ölbrände mit Wasser nur abgelöscht werden können, soweit sie in den Maschinen- oder Heizraumbilgen entstehen, soweit es sich also um schwer entflammbare Heiz- und Schmieröle handelt. Auch dann wird stets der Einsatz besonderer Sprühstrahlrohre zweckmäßig sein.

Trifft Löschwasser auf hoch erhitzte oder glühende Stoffe (Elektron, Magnesium, glühende Eisenkonstruktionen, glühende Kohlen bei stark entwickelten Bunkerbränden), so zersetzt sich das Wasser in seine Bestandteile Wasserstoff und Sauerstoff; hieraus entsteht Knallgas, das durch irgendwelche glühende Teile entzündet wird und Anlaß gibt zu Verpuffungen und unter Umständen auch zu heftigen Explosionen.

Besondere Vorsicht ist bei Anwesenheit von Carbid erforderlich, weil dieses unter dem Einfluß des Löschwassers das leicht brennbare und explosive Azetylen entwickelt.

Eine weitere Gefahr bei der Verwendung von Wasser liegt in dem starken Aufquellen gewisser Stoffe (Baumwolle, Rohjute, Rohtabak, Sojabohnen), wie denn überhaupt beim Löschen mit Wasser der entstehende Wasserschaden unter Umständen beträchtlich höher sein kann als der eigentliche Feuerschaden.

Schließlich ist das Wasser auch ein guter elektrischer Leiter; beim Löschen können dadurch entweder elektrische Anlagen beschädigt werden, oder aber die Löschmannschaften können Schaden nehmen. Sprühstrahlen sind indes bedeutend ungefährlicher als geschlossene Strahlen. Man wird daher unbedingt bemüht sein müssen, die Berührung des vollen Wasserstrahles mit elektrischen Leitungen zu vermeiden. Ist ein Arbeiten mit Wasser in der Nähe elektrischer Leitungen nicht zu vermeiden, so sollen wenigstens folgende Abstände vom Strahlrohr innegehalten werden:

bei 10 mm-Mundstücken 5 Meter,
„ 18 „   „   10 „
„ 28 „   „   15 „

Decken, pulverförmige Trockenlöschmittel.

Die einfachste Art des Ablöschens brennender Gegenstände besteht darin, sie in eine dichte Decke (Wolldecke, Teppich und dergl.) einzuhüllen und ihnen damit den Luftsauerstoff zu entziehen. Von dem gleichen Grundgedanken ausgehend, kann man z. B. Behälter mit brennenden Flüssigkeiten schnellstens dadurch ablöschen, daß man sie mit einem dichtschließenden Deckel abdeckt. Wer geschickt und rasch arbeitet, kann sogar auch brennendes Benzin in einem Eimer durch Abdecken mit einer Zeitung ablöschen. Mit gleichem Erfolg kann man auch Sägemehl, Spreu oder Torfmull verwenden. Bei schnellem Abdecken eines Brandherdes reicht dessen Wärme nicht aus, diese an sich brennbaren Löschmittel bis zu ihrem Brennpunkt zu erhitzen. Daraus folgt aber auch, daß diese Stoffe als Löschmittel nur dann eingesetzt werden dürfen, wenn der Wärmeinhalt des Brandobjektes verhältnismäßig gering ist. Bei brennenden Kohlen erübrigt es sich, einen Löschversuch durch Aufbringen von Sägemehl usw. anzustellen, weil alle diese Trockenstoffe im Gegensatz zum Wasser kein nennenswertes Wärmebindungsvermögen haben.

In solchen Fällen muß man auf unverbrennliche staubförmige Körper zurückgreifen. Hierfür kommen vor allem Gesteinsstaub und Sand in Frage. Ihre Löschwirkung beruht ebenfalls auf Abschluß der Luft, unter Umständen im geschmolzenen Zustand.

Im praktischen Feuerlöschdienst werden diese „Trocken"-Löschmittel nur selten benutzt, weil sie vor allem bei größeren Bränden keine ausreichende Löschwirkung besitzen. Sie müssen aber hier erwähnt werden, weil sie wegen ihrer einfachen und schnellen Handhabung als Füllstoff für Handfeuerlöscher eine besondere Bedeutung haben.

Löschschaum.

Unter Löschschaum versteht man die Nebeneinanderlagerung winzig kleiner, feinhäutiger Blasen, die aus einer geeigneten Flüssigkeit entstehen, wenn man in diese Luft oder ein Gas unter Druck eindringen läßt. Die Möglichkeit der Schaumbildung und vor allem guter Schaumbildung ist an bestimmte Eigenschaften der Flüssigkeit gebunden. Mit reinem Wasser läßt sich z. B. kein Schaum herstellen, es muß vielmehr erst durch Zusatz gewisser Stoffe (z. B. Saponine aus Seifenkraut, Quillajarinde, Panamarinde) zur Schaumbildung geeignet gemacht werden. Die heute am meisten gebrauchten Zusatzstoffe lassen sich auch zusammen mit Seewasser verwenden.

Zur Bildung des Schaumes wird Luft oder Kohlensäure verwendet. Die kleinen Schaumblasen sind also in dem einen Fall mit Luft, im anderen mit Kohlensäure gefüllt. Für die Löschwirkung ist die Verschiedenartigkeit des Blaseninhalts praktisch ohne Bedeutung.

Die Dichtigkeit des Löschschaumes schwankt je nach der Herstellung, sein spez. Gewicht beträgt etwa 0,13—0,15. Für das Löschen brennender Flüssigkeiten ist es vor allem erforderlich, daß der Schaum leichter ist als die Flüssigkeit und eine genügend große Fließkraft besitzt (d. h. der Schaum darf nicht zu trocken sein), um eine gleichmäßig dicke Schicht über der Flüssigkeit zu bilden. Beim Löschen von Bränden fester Stoffe wird gutes Haftvermögen verlangt. Hier muß daher ein ziemlich trockener Schaum verwendet werden, um ein Herabfließen zu verhindern. Aus diesen Gründen muß es möglich sein, während des Löschvorganges die Schaumdichte und damit seine Fließkraft jeweils dem Löschobjekt anzupassen.

Die Löschwirkung des Schaumes beruht in erster Linie darauf, daß sich der Schaum zwischen den brennenden Gegenstand und die Luft schiebt, also den Zutritt von Luftsauerstoff zum Brandherd unterbindet. Erst in zweiter Linie ist die durch den Wasserinhalt des Schaumes entstehende Abkühlung von Bedeutung.

Infolge seines geringen spezifischen Gewichtes schwimmt der Schaum auf allen Flüssigkeiten oben; gegen Wärme und Luftzug ist er wegen seiner Zähigkeit verhältnismäßig wenig empfindlich. Erst nach längerem Einwirken dieser Faktoren entsteht eine ungünstige Beeinflussung des Schaumgefüges. Eine schnelle Zerstörung der Schaumdecke ist dagegen dann zu erwarten, wenn neben dem Schaumverfahren gleichzeitig ein Löschangriff mit Wasser zur Durchführung gelangt. Der Ersatz des Löschwassers durch Dampf unter sonst gleichen Verhältnissen bewirkt anfänglich eine mehrfach beobachtete Nachentwicklung des Schaumes und zugleich eine Volumenzunahme, die offenbar auf die zusätzliche Erwärmung zurückzuführen ist. Infolge der Kondensation des Dampfes sinkt dann jedoch die Schaumdichte.

Schaum ist das wichtigste Löschmittel bei allen Flüssigkeitsbränden. Man stützt sich dabei auf die Beobachtung, daß bei jedem Ölbrand eine Verdampfung entsteht. Die von der Ölflüssigkeit abgegebenen Dämpfe verbrennen unter Flammenbildung erst, nachdem eine Mischung mit Luft erfolgt ist, in einer oberhalb des Flüssigkeitsspiegels liegenden Brandzone. Zur Ablöschung des Ölbrandes ist es also erforderlich, die Ölbehälter durch einen dichten Abschluß von der Außenluft zu trennen und damit eine weitere Öldampfbildung zu unterbinden. Handelt es sich um Ölbehälter mit geringen Abmessungen und mit geometrisch einfachen Formen, so ist ein solcher Abschluß, wie früher bereits erwähnt, auf einfachste Art durch einen dicht schließenden Deckel herzustellen. Auf Schiffen ist mit derart günstigen Verhältnissen nicht zu rechnen; bei

Bränden der Maschinenraumbilgen und Maschinenräume selbst sowie der Laderäume auf Tankfahrzeugen ist der Abschluß nur durch eine bewegliche, sich den örtlichen Begrenzungen anpassende und auf der Oberfläche des Öles schwimmende Schaumdecke zu erzielen.

Aus diesen Feststellungen ergibt sich ohne weiteres, daß bei Ölbränden die Anwendung des Schaumlöschverfahrens unter sehr günstigen, in der Natur eines flüssigen Brandobjektes liegenden Voraussetzungen erfolgt und ein Löscherfolg fast stets zu erwarten ist, daß aber im Gegensatz hierzu bei **sonstigen** Brandherden, die weitaus die Mehrzahl aller auf Schiffen sich ereignenden Brandfälle bilden, Bedingungen vorliegen, denen der Schaum als Löschmittel auf Grund seiner physikalischen Eigenschaften nicht in dem erforderlichen Umfang gerecht werden kann. Befindet sich innerhalb einer aus Massen- oder Stückgütern bestehenden Schiffsladung ein versteckt liegender Brandherd, so zeigt eine einfache Überlegung, daß die völlige Abriegelung einer solchen Ladung gegen den Zustrom atmosphärischer Luft mittels einer Schaumdecke nicht durchzuführen ist, insbesondere werden an den im Bereich der Außenhaut- und Schottwände liegenden Vertikalflächen, soweit sie überhaupt dem Einfluß des Löschmittels ausgesetzt werden können, stets Undichtigkeiten der Schaumdecke auftreten und damit einen Löscherfolg stark in Frage stellen.

Da auch infolge der Zähigkeit des Schaumes eine Durchfeuchtung des Ladegutes nur in geringen Grenzen erfolgt, so kann das Schaumlöschverfahren bei Schiffsbränden nur dann erfolgreich zum Einsatz gelangen, wenn der Brandherd frei und zugänglich liegt und eine allseitige vollkommen zuverlässige Abdichtung mit Hilfe der Schaumdecke gewährleistet ist.

Neben verschiedenen Versuchen hat auch der Verlauf zahlreicher Brandunfälle, bei denen das Schaumlöschverfahren zur Anwendung gelangte, die Richtigkeit dieser Feststellungen bestätigt und zusammengefaßt erwiesen, daß der Schaum in erster Linie zur Bekämpfung von Mineralölbränden geeignet ist und in diesem Fall ein ausgezeichnet wirkendes Löschmittel darstellt, daß aber bei den sonstigen auf Schiffen sich ereignenden Bränden ein Löscherfolg des Schaumlöschverfahrens nur dann gesichert ist, wenn der Brandherd als solcher zu erkennen ist und durch seine Lage der unmittelbaren Wirkung des Schaumes ausgesetzt werden kann.

Es ist notwendig, diese Tatsachen besonders zu unterstreichen, weil sehr oft darauf hingewiesen wird, daß bei Anwendung des Schaumlöschverfahrens nur ein geringer Wasserschaden zu erwarten ist. Diese Feststellung ist ohne weiteres richtig. Es darf aber nicht übersehen werden, daß dieser Vorzug nur erkauft werden kann unter gleichzeitigem Verzicht auf die bei fast allen Brandfällen auf Schiffen ausschlaggebende wärmebindende, d. h. abkühlende Wirkung des Löschwassers.

Dampf- und Gasfeuerlöschmittel.

Die **Löschwirkung von Wasserdampf und nicht brennbarer Gase** beruht im wesentlichen darauf, Luftsauerstoff als einer der Voraussetzungen für das Zustandekommen eines Verbrennungsvorganges zu verdrängen und durch Mischung mit den als äußere Träger einer Verbrennung zu bezeichnenden gasförmigen Umwandlungsprodukten des Brandgutes ein nicht brennbares Gasgemisch zu bilden.

Die bei einer Erwärmung entstehenden gasförmigen Zersetzungsprodukte eines organischen Stoffes sind nur dann brennbar, wenn sie in einem bestimmten Verhältnis mit Luft gemischt werden. Ist Luft im Überschuß vorhanden oder sinkt der Luftanteil des Gemisches unter einen bestimmten Wert, so verliert das Gasluftgemisch die Eigenschaft, sich zu entzünden. Aufgabe der dampf- oder gasförmigen Feuerlöschmittel ist es daher, diese obere und untere Entflammbarkeitsgrenze derart zu verändern, daß der Bereich der Entflammbarkeit eingeengt bzw. völlig aufgehoben wird. Dasjenige Löschgas, welches durch seine Mischung in möglichst geringer Konzentration das Zusammenfallen der beiden Grenzwerte bewirkt, ist, wenn sonst gleiche Verhältnisse vorliegen, als günstigstes Löschmittel anzusprechen.

Zur Klärung dieser Fragen sind eine größere Anzahl von Versuchen mit solchen Löschgasen angestellt, denen eine praktische Bedeutung beigelegt werden kann.

Als Versuchsergebnis ist die Löschwirkung der Gase gekennzeichnet durch die folgende Nebeneinanderstellung der eine Entflammung verhindernden Anteile:

1. Tetrachlorkohlenstoff .... 13 v. H.
2. Kohlensäure .... 25 v. H.
3. Stickstoff .... 38 v. H.

Löschtechnisch sind die beiden erstgenannten Gase dem Stickstoff in der Wirkung also überlegen. Die auf Grund des Versuches bestehenden Unterschiede zwischen den unter 1. und 2. genannten bestehenden Löschgasen verschwinden bei Berücksichtigung des für den praktischen Betrieb wesentlichen Flüssigkeitsvolumens. Unter diesem Gesichtspunkte sind beide Gase gleich wirksam, da Tetrachlorkohlenstoff angenähert das doppelte spezifische Gewicht der flüssigen Kohlensäure aufweist. Die günstige Wirkung der Löschgase wird unterstützt, unter Umständen überhaupt erst ermöglicht, durch den weitgehenden Abschluß des Brandherdes von der Außenluft. Da diese Voraussetzung besonders bei Laderaumbränden im Gegensatz zu fast allen übrigen Brandobjekten durch die einfache und ausreichende Abdichtungsmöglichkeit der Räume gegeben ist, hat sich das Gas- bzw. Dampflöschverfahren auf Schiffen in starkem Maße durchsetzen können.

Begünstigend kommt hinzu, daß Gase und Dämpfe den ganzen ihnen zur Verfügung stehenden Raum erfüllen, und zwar um so schneller, je größer der Gas- bzw. Dampfdruck ist. Diese Feststellung ist von großer Bedeutung, weil damit zum Ausdruck kommt, daß die Löschgase auch auf solche Brandherde ihre Wirkung ausüben, die völlig verborgen im Innern von großen Warenstapeln liegen und die daher bei einem Angriff mit Wasser der unmittelbaren Wirkung des Löschstrahles nicht ausgesetzt werden können.

Die größte Verbreitung hat naturgemäß das **Dampffeuerlöschverfahren** gefunden, da der Dampf, soweit es sich um Dampfschiffe handelt oder Hilfskessel vorhanden sind, ständig in fast unbegrenzter Menge zur Verfügung steht und ohne Schwierigkeiten dem Brandraum zugeführt werden kann.

Die Dampffeuerlöschanlage hat gegenüber den sonstigen mit gasförmigen Löschmitteln arbeitenden Systemen den Vorzug, daß die Anlage- und Betriebskosten sehr niedrig liegen, und die Gesamtanlage wegen ihrer Übersichtlichkeit und Einfachheit im konstruktiven Aufbau sehr betriebssicher ist. Diesen Vorzügen stehen jedoch Nachteile gegenüber, die derart schwerwiegend sind, daß ohne Übertreibung behauptet werden kann, die Bekämpfung eines Laderaumbrandes ist, soweit es die Stabilitätsverhältnisse zulassen, durch Fluten des Raumes schneller und sicherer durchzuführen, ohne daß dabei der entstehende Sachschaden vergrößert wird. Die starken Kondensationsverluste des Dampfes führen zu einer völligen Durchfeuchtung und damit zu erheblicher Beschädigung der Ladung. Hinzu kommt, daß die Dampffeuerlöschanlage, um erfolgreich arbeiten zu können, an bestimmte, teilweise bereits erwähnte und mit gewissen Einschränkungen für alle Gasfeuerlöschmittel geltende Voraussetzungen gebunden ist; die erforderliche Abdichtung der Räume ist mit Bordmitteln nicht immer herzustellen, besonders, wenn es sich um Schutzdeckschiffe handelt, deren oberer Teil des Laderaumes sich oft ohne Unterbrechung über die ganze Schiffslänge erstreckt und daher weder einwandfrei abgedichtet noch ausreichend unter Dampf gesetzt werden kann. In solchen Fällen ist die Anwendung des Dampflöschverfahrens von vornherein als unzweckmäßig zu bezeichnen. Aber selbst wenn diese auf bautechnischen Umständen beruhenden und in ähnlichem Umfange für alle übrigen gasförmigen Löschmittel zutreffenden ungünstigen Verhältnisse nicht vorliegen, sind doch Fehlschläge zu erwarten die in der Natur des Dampfes liegen. Befindet sich in einem größeren Laderaum der Brandherd innerhalb einer gut gestauten, aus Massengütern bestehenden Ladung, so tritt vielfach an den äußeren Schichten eine weitgehende Kondensation auf, und das Innere der Ladung, und damit der eigentliche Brandherd, bleibt unberührt. Diese Erscheinungen konnten auf Frachtdampfern festgestellt werden, obwohl gut abgedichtete Laderäume während einer Zeit von 18 Tagen ununterbrochen der Einwirkung des Dampfes ausgesetzt waren. Bei höheren Temperaturen, insbesondere aber auch bei Bunkerbränden, bedeutet die Verwendung des Dampfes als Löschmittel eine Erhöhung des Gefahrenumfanges, da bei 600—700°, einer Temperatur, die bei vielen Bränden erreicht und auch überschritten wird, bereits eine Zersetzung des Dampfes unter Bildung des leicht explosiven Knallgases zu erwarten ist. Im Vergleich mit dem Wasser verwendenden Löschverfahren kann zusammenfassend festgestellt werden, daß die Dampflöschanlage keine Verbesserung darstellt; neben verschiedenen schwerwiegenden Nachteilen ist als Fortschritt gegenüber dem „Wasserlöschverfahren" nur der Wegfall beweglicher Wassermengen innerhalb des Schiffskörpers anzuführen.

Ein weiteres mit gasförmigen Löschmitteln arbeitendes und besonders auf Fahrgastschiffen stark verbreitetes Feuerlöschverfahren ist als **„Clayton"-Anlage** allgemein bekannt. Die Anlage besteht aus dem Gaserzeuger oder Generator und einem Rohrnetz, das diesen Apparat mit den einzelnen Schiffsräumen verbindet. Durch Verbrennen von Schwefel auf einem Rost wird ein der schwefligen Säure nahestehendes Gas erzeugt, das überwiegend aus Schwefeldioxyd besteht; in einem neuen verbesserten Verfahren enthalten die gasförmigen Verbrennungsprodukte durch starke Überhitzung Schwefeltrioxyd. Durch ein Gebläse werden diese Verbrennungsgase, nachdem sie einer Kühlung unterzogen sind, in den gefährdeten Raum geleitet und treten dort in der Nähe des Bodens aus. Ein anderes Gebläse saugt durch ein zweites Rohrsystem, das dicht unterhalb der Decke in den Räumen endigt, die Luft aus dem gleichen Raum ab und führt sie dem Verbrennungsapparat zu, so daß ein ständiger Kreislauf besteht. Wenn die Ansaugeluft 3 v. H. der Verbrennungsprodukte enthält, wird der Kreislauf unterbrochen und der zur Verbrennung des Schwefels erforderliche Sauerstoff unmittelbar der Frischluft entnommen.

Der Löscherfolg der Verbrennungsgase liegt begründet in der Reduktionswirkung, die etwa nach der Gleichung verläuft:
$$SO_2 + H_2O + O = H_2SO_4.$$
Eine Mischung der Luft mit 10—12% der Verbrennungsgase genügt zur Herstellung eines die Verbrennung nicht unterhaltenden Gas-Luftgemisches.

Ein bedeutender Vorzug dieses Löschgases, besonders im Vergleich mit Dampf, aber auch mit den übrigen Gasen, liegt in der starken Eigenschwingung der Gasmoleküle. Hierin liegt die Ursache für die gute Tiefenwirkung und Durchdringungsfähigkeit dieses Löschgases, Eigenschaften, die besonders bei der Bekämpfung von Bränden in gepreßten Ladungsgütern, wie Baumwolle, Jute, Hanf usw. von Bedeutung sein können.

Die Beschädigung der Ladung durch Schwefeldioxyd-Löschgas ergibt im Vergleich mit dem Dampflöschverfahren ein günstigeres Bild. Pflanzliche Faserstoffe erleiden keine wesentliche Beschädigung. Andere Stoffe allerdings, vor allem Lebens- und Genußmittel werden nahezu unbrauchbar. Auch Metalle und Möbel werden angegriffen.

Große Generatoren liefern bis zu 100 cbm/Stb. Löschgas, d. h. rein rechnungsgemäß ist unter Voraussetzung vollkommenen Luftabschlusses ein freier Luftraum von 800—1000 cbm Inhalt mit der zur Ablöschung eines Feuers erforderlichen Löschgasmenge in etwa einer Stunde angefüllt; bei einer Raumausnutzung von 75 v. H. entspricht dies einem Schiffsraum von etwa 3200—4000 cbm Fassungsvermögen. In der Praxis wird unter dem Einfluß verschiedener Faktoren mit einer Verlängerung dieser Zeit gerechnet werden müssen, da sich durch die stets vorhandenen Undichtigkeiten des Raumes der Eintritt der notwendigen Gaskonzentration verzögert. Außerdem zeigen verschiedene leicht brennbare Ladungen wie Jute, Hanf, Flachs, Baumwolle aber auch Kohle die Neigung, die Verbrennungsgase des Schwefels in bedeutenden Mengen zu absorbieren. Der dadurch entstehende Zeitverlust bis zum Einsetzen der wirksamen Feuerbekämpfung kann sich verhängnisvoll gestalten, wenn in den Nachbarräumen ebenfalls leicht brennbare Stoffe lagern und ein Uebergreifen des Brandes stattfindet.

Während die Instandhaltungskosten verhältnismäßig gering sind, die Betriebs=
sicherheit außerdem wegen des übersichtlichen und leicht zu handhabenden Aufbaues
den zu stellenden Anforderungen völlig entspricht, wird der Betrieb dadurch sehr
kostspielig, daß infolge der korrodierenden Wirkung der Verbrennungsgase bei
längerer Betriebsdauer nicht selten die Neubeschaffung des Generators erforderlich
wird.

Unter dem Einfluß der zunehmenden Anzahl der Motor= und
Tankschiffe hat das **Löschverfahren unter Einsatz von Kohlensäure**
starke Verbreitung gefunden. Kohlensäure ist schwerer als Luft. Im
allgemeinen genügt ein Zusatz von 20 v. H. zur atmosphärischen Luft,
um jede Verbrennung innerhalb dieses Gas=Luftgemisches unmöglich
zu machen.

Für geschlossene Räume ist je nach Größe des Raumes ein
geringerer Kohlensäurezusatz ausreichend. Die See=Berufsgenossen=
schaft verlangt, daß das mitgeführte Kohlensäurequantum ausreicht,
um den größten auf dem Schiff vorhandenen Raum mit 30 v. H. Kohlen=
säuregas zu durchsetzen.

Die Kohlensäure wird in flüssiger Form in den bekannten Stahl=
flaschen aufbewahrt und, in Batterien vereinigt, in einem Schiffs=
raum untergebracht, der günstig gelegen ist, d. h. der auch im Brand=
fall stets zu erreichen ist. Bei größeren Schiffen ist eine Unterteilung
der Anlage anzustreben. Die Flaschen sollen nicht im Maschinenraum
oder in einem von diesem abgeteilten Raum aufgestellt werden. Der
Aufbewahrungsraum ist auf keinen Fall, auch nicht vorübergehend
anderen Zwecken nutzbar zu machen. Von den Kolensäurebatterien
aus führen einzelne Rohrleitungen in die zu schützenden Räume.

Der Transport der Kohlensäure in den Rohrleitungen bereitete bei der Ein=
führung dieses Löschverfahrens im Jahre 1900 große Schwierigkeiten, weil
während des Ausströmens der starke Druckabfall zu einer Vereisung der Arma=
turen und zur Unterbrechung der Feuerbekämpfung führte. Zur Beseitigung dieser
Gefahr sind für neuzeitliche Anlagen zwei Lösungen gefunden, die sich beide im
praktischen Bordbetrieb bewährt haben. Die erste verwendet große Ausströmungs=
ventile und eine Transportleitung von absolut gleichmäßigem Querschnitt. Wenn
dieser Rohrquerschnitt im Verhältnis zur ausströmenden Kohlensäuremenge
genügend groß ist, so sind Störungen durch die Entspannung und durch die
Temperaturabnahme nicht zu erwarten. Versuche haben ergeben, daß bei einer
Temperatur von etwa 0—30° C einer Druckminderung von 3 at während des
Transportes der Kohlensäure ein Temperaturabfall von 5° C entspricht. Eine
sich in geringen Grenzen haltende Bildung von Kohlensäureschnee innerhalb der
Rohrleitung wird sich bei diesem System nicht vermeiden lassen. Störungen
sind hierdurch nicht zu erwarten, wenn die Konstruktion durch wirbelfreien
Strömungsverlauf dem Schnee keine Gelegenheit bietet, sich an irgendeiner Stelle
festzusetzen. Die andere Lösung sieht am Ende der Ausströmungsleitung ein Ventil
vor und geht dabei von dem Gedanken aus, daß der Druckabfall innerhalb der
Rohrleitung eine Funktion des durch das Endventil freigegebenen Querschnittes
ist und in geringen Grenzen gehalten werden kann, wenn ein hinreichend kleiner
Querschnitt gewählt ist. Die eigentliche Verdampfung der Kohlensäure wird in
die freie Atmosphäre bzw. in den Brandraum verlegt und bedingt an dieser Stelle
eine Wärmebindung, welche die löschtechnischen Eigenschaften des Gases in starkem
Maße unterstützt. Die hohe Ausströmungsgeschwindigkeit der Kohlensäure ist auch

deshalb wertvoll, weil sie in den unvollkommen geschlossenen Räumen eine Herabsetzung des Löschgasanteiles in dem Gas-Luftgemisch gestattet. Wie anschließend noch zu erörtern sein wird, bildet sie sogar die Voraussetzung für einen Löscherfolg, wenn es sich um Brände in offenen oder teilweise offenen Räumen handelt.

Unter den Schutz der Kohlensäureanlage sind alle diejenigen Räume des Schiffes zu stellen, in denen die Entstehung eines Schadenfeuers möglich ist, und die ihrer Bauart nach einen Erfolg des Gaslöschsystems erwarten lassen; den Vorschriften entsprechend sind jedoch solche Räume ausgenommen, die dem Aufenthalt von Fahrgästen oder Mitgliedern der Besatzung dienen; die einzige Ausnahme hiervon bilden Maschinen- und Kesselräume. Um in diesem Fall dem Maschinenpersonal die bevorstehende Inbetriebnahme der Feuerlöschanlage anzuzeigen und ihm Gelegenheit und die erforderliche Zeit zum Verlassen der Räume zu geben, sind besondere Sicherheitsorgane in die Kohlensäuretransportleitung eingeschaltet und Alarmeinrichtungen vorgesehen.

Während bisher bei Betrachtung der einzelnen Gas- bzw. Dampffeuerlöschanlagen stets vorausgesetzt wurde, daß der Brandherd sich in einem dichtabschließbaren Raum befand, sind bei Maschinen und Kesselräumen andere Bedingungen maßgebend. Die Konstruktion dieser Räume läßt einen ausreichenden Abschluß gegenüber der Außenluft nicht erwarten. Im Brandfall ist daher der Erfolg einer Gaslöschanlage von der Möglichkeit abhängig, den gesamten unteren Teil des Raumes in kürzester Zeit, gewissermaßen schlagartig mit Gas überfluten zu können. Die hohe Ausströmungsgeschwindigkeit der Kohlensäure gestattet es, dieser Forderung zu entsprechen, wenn eine gleichmäßige Verteilung des Löschgases unterhalb der Flurplatten und im Bereich der Bilgen erfolgt.

Ähnliche Überlegungen gelten auch für die Laderäume auf Tankschiffen, trotzdem diese im Vergleich mit den Laderäumen auf sonstigen Frachtschiffen im normalen Betrieb besonders zuverlässig abgedichtet werden können. Im Brandfall muß jedoch stets mit der Zerstörung des den Expansionsschacht abschließenden Lukendeckels gerechnet werden, da ein Feuer im Tankraum nur durch äußere Zündwirkung bei geöffneter Luke oder durch eine Explosion entstehen kann, die den Lukendeckel als schwächsten Teil der Konstruktion vernichtet. Die Bekämpfung eines solchen Feuers ist nur möglich durch ein Löschmittel, das, wenn auch nur für kurze Zeit, die Oberfläche des Öles von der Außenluft abschließt. Wie eingehende, in Amerika durchgeführte Versuche erwiesen haben, ist das Kohlensäure-Löschverfahren auch für diese Aufgabe mit Erfolg zu verwenden, wenn im unteren Teil des Expansionsschachtes zweckmäßig durchgebildete Ausströmungsventile, sogenannte Schleierdüsen, angebracht werden, die durch eine dichte, aus gasförmiger Kohlensäure bestehende Fläche den Zustrom atmosphärischer Luft zum Brandherd unterbinden und gleichzeitig die zur

Ablöschung des Feuers erforderliche Durchsetzung des Öldampf-Luftgemisches mit Kohlensäuregas bewirken. Die gleichen Versuche haben gezeigt, daß die Höhe des Ölspiegels innerhalb des Laderaumes auf die Löschwirkung keinen Einfluß ausübt, daß dagegen ein Löscherfolg nicht mit voller Sicherheit zu erwarten ist, wenn die Abmessungen des Expansionsschachtes den Wert 1,5×2,5 m überschreiten.

Die Auslösung der Kohlensäureanlage erfolgt am zweckmäßigsten durch einfache Betätigung eines Ventilhebels im Batterieraum selbst, und außerdem durch Seilzugübertragung von zwei verschiedenen geschützt und leicht zugänglich liegenden Stellen des Schiffes. Elektrische und pneumatische Betätigungsvorrichtungen sollten nur auf besonders hochwertigen Schiffen vorgesehen werden, die über eine eigene Bordfeuerwache verfügen, so daß die Betriebssicherheit der Feuerlöschanlage durch dauernde Überprüfung sichergestellt ist.

Unter Berücksichtigung der nur in Ausnahmefällen erfolgenden Inbetriebnahme derartiger Anlagen ist grundsätzlich ein möglichst übersichtlicher und einfacher Aufbau zu wählen. Dieser für alle Feuerlöschsysteme geltende Grundsatz ist bei Kohlensäureanlagen von besonderer Bedeutung wegen der im Gegensatz zu den übrigen Gasfeuerlöschsystemen bestehenden Schwierigkeit, den unter hohem Druck stehenden, mit flüssiger Kohlensäure gefüllten Stahlbehälter zuverlässig abzudichten. Durch Verbesserung der Ventilkonstruktionen ist es in letzter Zeit gelungen, die Anzahl der Dichtungsflächen herabzusetzen und damit, gleichzeitig durch Verwendung von Metalldichtungen, die Betriebssicherheit wesentlich zu erhöhen. Trotzdem ist die regelmäßige Überwachung der Anlage, insbesondere der den Witterungseinflüssen ausgesetzten Seilzüge sowie ein regelmäßiges Nachwiegen der Flaschen eine unbedingte Notwendigkeit.

Im Vergleich mit den vorher behandelten Dampf- bzw. Clayton-Feuerlöschanlagen ergibt sich, daß das Kohlensäureverfahren durch seine vielseitige Anwendungsmöglichkeit bedeutende Vorzüge bietet. Neben der guten Wirkung bei Ladungsbränden auf Tankschiffen ist besonders darauf hinzuweisen, daß die Anlage stets betriebsfähig ist und keinen besonderen maschinellen Antrieb benötigt. Dieser Tatsache ist größter Wert beizulegen, weil die Maschinen- und Kesselräume in neuerer Zeit durch weitgehende Verwendung von Mineralölen einer bedeutenden Feuergefahr ausgesetzt sind, die Bekämpfung eines solchen Brandes stets auf erhebliche Schwierigkeiten stößt und vielfach nicht durchgeführt werden kann, weil der Antrieb der Löschanlagen im Bereich des Feuers liegt und damit auf die Inbetriebnahme der Feuerschutzvorrichtungen in diesem Notfall verzichtet werden muß.

Außer dem Vorzug der ständigen Betriebsbereitschaft, der naturgemäß die Aufstellung der Kohlensäureanlage in einem nicht gefährdeten Raum voraussetzt, muß der Umstand hervorgehoben werden, daß die Verwendung der Kohlensäure als Löschmittel keine nennenswerten Ladungsbeschädigungen verursacht.

Diese Tatsache ist in besonderem Maße für die Reederei bzw. für die Versicherung des Schiffes von Bedeutung, weil in zahlreichen Brandfällen der durch Löschmaßnahmen entstehende Ladungsschaden die eigentliche auf Einwirkung des

Feuers zurückzuführende Beschädigung um ein Vielfaches übertrifft. Nach den York Antwerp Rules, 1924, fallen aber diese zusätzlichen und durch Löschmaßnahmen hervorgerufenen Schäden unter den „general average"-Begriff; während demnach die Regelung der unter dem unmittelbaren Einfluß des Feuers entstandenen Ladungsschäden alleinige Angelegenheit des Eigentümers der Waren ist, wird zur Deckung der über diesen Betrag hinausgehenden und auf den Gebrauch von Löschmitteln zurückzuführenden Ladungsbeschädigung das Schiff pro rata seines Wertes herangezogen. Zur Vermeidung der auf Grund dieser Sachlage sich ergebenden, vielfach sehr bedeutenden Kosten hat das Schiff und seine Reederei ein besonderes Interesse an einem Feuerlöschsystem, durch das keine nennenswerte Beschädigung der Ladung entstehen kann.

Wenn demnach die Kohlensäure an sich als Löschmittel bei Schiffsbränden ganz besonders geeignet erscheint und Vorzüge aufweist, die bei keinem anderen gas- oder dampfförmigen Mittel zu verzeichnen sind, so ist doch die praktische Auswirkung dieser überaus günstigen Löscheigenschaften im Brandfalle nur dann zu erwarten, wenn gleichzeitig die dem Kohlensäurelöschsystem anhaftenden Schwächen vermieden werden. Während bei Dampf- und Clayton-Anlagen die Löschmittel in nahezu unbegrenzter Menge zur Verfügung stehen, wird man hiermit bei dem Kohlensäurelöschsystem nicht rechnen können. Für deutsche Schiffe besteht die bereits erwähnte Vorschrift, daß als Maßstab für das mitzuführende Kohlensäurequantum für je 1000 cbm des größten Laderaumes 30 v. H., d. h. etwa 600 kg flüssige Kohlensäure bereitzuhalten ist. Ob dieser Vorrat in jedem Falle zur Ablöschung eines Feuers ausreicht, ist eine Frage, die nur durch eingehende Nachprüfung der bei Brandunfällen festgestellten Erscheinungen zu beantworten ist. Beispielsweise bieten verschiedene leicht brennbare Ladungen, besonders Baumwolle und ähnliche pflanzliche Erzeugnisse, ohne Rücksicht auf das zum Einsatz gelangende Löschmittel, wie bereits früher erörtert, der Feuerbekämpfung stärksten Widerstand. Es ist daher erklärlich, daß ein derartiger Ladungsbrand nicht durch eine einmalige 20- oder 30 prozentige Durchsetzung der Raumluft mit Kohlensäure erfolgreich bekämpft werden kann, daß es vielmehr erforderlich ist, die Löschmaßnahmen über einen längeren Zeitraum hinaus fortzusetzen und, als Ausgleich der stets vorhandenen Undichtigkeiten, in Unterbrechungen geringere Kohlensäuremengen dem Brandraum zuzuführen.

Neben dieser für die Größe des für Feuerlöschzwecke zur Verfügung stehenden Kohlensäurevorrats bedeutsamen Frage ist darauf hinzuweisen, daß im Gegensatz zu den übrigen bisher behandelten Löschsystemen die Kohlensäureanlage in den Seilzügen empfindliche Konstruktionselemente aufweist, die vor allen Dingen, soweit sie Witterungs- und sonstigen Einflüssen ausgesetzt sind, eine ständige und sachgemäße Überprüfung erfordern.

Tetrachlorkohlenstoff.

Tetrachlorkohlenstoff, allgemein mit „**Tetra**" bezeichnet, ist eine leicht verdampfende farblose Flüssigkeit (spez. Gewicht 1,6) mit dem

Siedepunkt 76,5 und dem Gefrierpunkt —23,8. Der Gefrierpunkt kann durch Zusätze noch erniedrigt werden (J. G. Farben — „Tetra" — 44,5°). **Er ist praktisch völlig Nichtleiter der Elektrizität.** (Löschversuche bei Spannungen bis zu mehreren hunderttausend Volt.) Die Dämpfe wirken flammenerstickend und haben im Vergleich zur Luft das hohe Gewicht von 5,25, also etwa das dreifache Gewicht der Kohlensäure. Auf dieser Tatsache beruht hauptsächlich seine Eignung als Löschmittel; die Dämpfe können aber natürlich durch den Auftrieb von Verbrennungsgasen mitgerissen werden. Reiner Tetra greift Metalle kaum an, die Handelsware ist aber fast stets durch etwas Schwefelkohlenstoff sowie durch Spuren von Wasser verunreinigt. Tetra zieht Wasser aus der Luft an und bildet dann Blasen auf seiner Oberfläche, wobei Salzsäure abgespalten wird, die die Gefäße angreift. Die Dämpfe wirken bei langer Einwirkung auf den Menschen betäubend, kürzere Zeiten können ohne Schaden ertragen werden. Tetra soll ferner ein Hautgift sein; aus diesem Grunde ist Vorsicht geboten. Verbrannte Körperteile dürfen jedenfalls mit Tetra nicht in Berührung kommen. Bei starker Erhitzung zersetzt sich Tetra unter Entwicklung von Phosgen. **Bei der Benutzung von Tetra zum Ablöschen erhitzter Stoffe (vor allem bei glühenden Metallen und Holz) muß man daher besonders vorsichtig sein.** Die Anwesenheit von Phosgen macht sich durch einen stechenden Geruch bemerkbar. Phosgen ist sehr gefährlich, es wirkt bei einem Gehalt der Atemluft von nur 450 mg in 1 cbm Luft schon nach einer Minute tödlich. Aus diesem Grunde darf Tetra nicht in geschlossenen Räumen verwendet werden, wo keine Lüftung vorhanden und aus denen ein schnelles Entkommen nicht möglich ist. Des weiteren soll Tetra nicht verwendet werden zur Löschung von Holz- und Spiritusbränden, bei größeren Bränden und überhaupt nicht in zu großen Mengen. Als Löschmittel geeignet ist es vor allem bei Benzin-, Benzol- und Petroleumbränden, bei Bränden schwerer Öle, bei Bränden von Stark- und Schwachstromanlagen und bei Motorenbränden.

In der Schiffahrt wird Tetrachlorkohlenstoff nur als Füllstoff in Sonderhandfeuerlöschern benutzt, wenn es sich um den Feuerschutz von elektrischen Schalttafeln und dergl. handelt. Auch dann sollten sie nur in gut gelüfteten, frei zugänglichen Räumen, z. B. in der meist hochgelegenen F.T-Station, eingesetzt werden.

7.—9. Stunde.

Atemschutzgeräte und ihre Verwendung auf Schiffen.

7. Stunde.

Erklärung des technischen Aufbaues, der Arbeitsweise und der Anwendungsgebiete an Hand von Modellen, Zeichnungen und verwendungsbereiten Apparaten.

Die wirksame Bekämpfung größerer Brände an Bord ist heute ohne die Benutzung von Atemschutzgeräten kaum denkbar. Aber nicht nur im Feuerlöschdienst sondern auch bei bestimmten betrieblichen Schiffsarbeiten ist der Einsatz dieser Geräte erforderlich.

Schiffsbrände entstehen in den meisten Fällen unter Deck, sie sind daher mit den schwer zu bekämpfenden Kellerbränden in Landgebäuden zu vergleichen. Der Löschangriff muß vielfach von oben her durch eine Zone heißer Feuer- und Rauchgase vorgetragen werden. Hinzu kommt, daß die künstliche Lüftung im Brandfall abgeschaltet und dadurch der Aufenthalt auch in den sonst gut belüfteten unteren Räumen ohne Rauchschutzgerät unmöglich wird.

Ein weiteres Hindernis gegenüber dem schnellen und erfolgreichen Löschangriff besteht darin, daß ein großer Teil der Schiffsräume durch die künstliche Lüftungsanlage miteinander verbunden ist. Dadurch kann die von einem Brandherd ausgehende Rauchentwicklung in kurzer Zeit auch auf die angrenzenden Räume übertragen und das Auffinden des eigentlichen Brandherdes sehr erschwert werden.

Nicht nur bei Bränden, sondern auch bei Betriebsstörungen verschiedener Art ist mit dem Auftreten giftiger oder schädlicher Gase und Dämpfe zu rechnen, z. B. bei Undichtigkeiten an Kohlensäure- und Ammoniakkühlanlagen, durch Verdampfen bestimmter fester und flüssiger Ladungen usw.

Ebenso ist bei der Arbeit in Tanks und Kesseln die Benutzung von Rauchschutzgeräten unerläßlich. **Selbst in Süßöltanks können andernfalls tödliche Unfälle eintreten.**

In all diesen Fällen können die für die Schiffssicherheit notwendigen Abwehrmaßnahmen nur dann mit Erfolgsaussicht durchgeführt werden, wenn brauchbare Atemschutzgeräte ständig zur Verfügung stehen.

Atmung.

Die Atmung ist ein für die Erhaltung des menschlichen Lebens notwendiger Vorgang, der bei einem Aufenthalt in nicht atembarer Luft, bzw. in Gasen durch Atemschutzgeräte gesichert werden muß.

Die **atmosphärische Luft** besteht bekanntlich aus 21 Vol. v. H. (genau 20,85) Sauerstoff, 79,1 Vol. v. H. Stickstoff (einschließlich geringer Mengen Edelgase, wie Helium und Argon) aus Wasserdampf wechselnder geringer Menge und aus 0,03 Vol. v. H. Kohlensäure. Es besteht also die Luft, die wir dauernd atmen, zum weitaus überwiegendem Teil aus Stickstoff.

Durch den Atmungsvorgang wird eine bestimmte Menge dieser Luft und zwar 6—9 l/min. bei ruhendem Körper, 20—30 l/min. bei mittlerer Arbeit und bis zu 60 l/min. bei schwerer Arbeit den Lungen zugeführt. Von dem in der Luft enthaltenen Sauerstoff werden hierbei nur 0,3—2,1 l/min. durch die Lungen aufgenommen, d. h. es wird nur ein Teil der eingeatmeten Luft verarbeitet. Nur etwa ¼ des Luftsauerstoffs wird von den Lungenbläschen aufgenommen und dafür Kohlensäure als Verbrennungsprodukt des Körpers abgegeben.

Fällt der normale Sauerstoffgehalt der Luft (etwa durch teilweise Füllung eines Raumes mit Rauch oder Dampf) von 21 v. H. auf 20 v. H., auf 19 oder auf 18 v. H., so würden Atembeschwerden noch nicht wahrnehmbar sein, vorausgesetzt, daß keine schwere körperliche Arbeit geleistet werden muß. Fällt aber der Sauerstoffhundertsatz auf 17, 16 oder 15 v. H., so treten bei anstrengender Arbeit bereits Atemhemmungen auf. Der geringe Gehalt der Atemluft an Sauerstoff läßt sich aber noch durch verstärkte Atmung ausgleichen. Sinkt der Hundertsatz noch weiter von 15 auf 12 v. H., so können sich bereits schwere Störungen bemerkbar machen. Bei 10 bis 8 v. H. kann der Mensch bei völliger Ruhe noch eben folgerichtig denken, die geringste Bewegung kann aber bereits Bewußtlosigkeit bringen, und bei 8 v. H. ist die unterste Grenze erreicht. Hierbei kann ein Mensch nur noch leben, wenn er sich absolut ruhig verhält und sich horizontal auf den Boden hinlegt. Bei 3 v. H. und weniger erlischt das Leben. An dieser Stelle soll gleich darauf hingewiesen werden, daß bei Bränden, auch wenn der betreffende Raum undurchsichtig verqualmt erscheint, dicht über dem Boden etwa 15 bis 30 cm hoch im allgemeinen noch atembare Luft infolge von Zugluft in Richtung auf den Brandherd anzutreffen ist. Diese Tatsache kann unter Umständen mit Erfolg ausgenutzt werden, wenn es sich darum handelt, aus einem brennenden Raum mit einiger Sicherheit hinauszugelangen. Gegen die auftretenden Reizgase kann in solchen Fällen ein trockenes Tuch gute Dienste leisten, selbstverständlich noch besser ein Spezial-Rauchfilter (das Filter F der Feuerwehr). Wenn man indes auch mit Filtergerät in Erstickungsgefahr geraten ist und einen langen oder verwickelten Fluchtweg vor sich hat, dann ist es erstes Gebot, sich so ruhig wie möglich zu verhalten, flach hinzulegen und Hilfe abzuwarten. Es ist klar, daß ein derartiges Verhalten eine recht große Willenskraft erfordert, die aber aufgebracht werden muß, will man sich die letzte Möglichkeit einer Rettung nicht ganz versperren. Besonders wichtig ist, daß jede stärkere Bewegung unter den gekennzeichneten Umständen zu vermeiden ist, da der dadurch bedingte erhöhte Sauerstoffbedarf den sofortigen Erstickungstod herbeiführen kann. **Auch jedes Angstgefühl (!) erhöht den Sauerstoffverbrauch.**

Durch eingehende Versuche wurde als grundlegend für die Konstruktion der Atemschutzgeräte nachfolgender Sauerstoffverbrauch des Menschen ermittelt:

liegender Mensch . . . . 0,18 l/min.
sitzender „ . . . . 0,25 „
langsames Gehen . . . . 0,75 „
schnelles „ . . . . 1,70 „
schnelles Treppensteigen bis zu 3,0—4,0 l/min.

Normalerweise werden in 24 Stunden etwa 50 l Sauerstoff verbraucht, die einer ein- und ausgeatmeten Luftmenge von etwa 12 m³ entsprechen. Es ergibt sich die Frage, ob die Kreislaufgeräte, die wir heute besitzen, innerhalb der recht erheblichen Schwankungen (in Frage kommen hauptsächlich die von 1,5 bis 3 l) geeignet sind, sich diesen Schwankungen anzupassen. Diese Frage kann vorbehaltlos bejaht werden.

Neben dem Stickstoff, der durch den Atemvorgang keine Veränderung erfährt, enthält die ausgeatmete Luft also noch rund 17 v. H. Sauerstoff und etwa 4 v. H. Kohlensäure. Sauerstoffverbrauch und Kohlensäureerzeugung stimmen also mengenmäßig annähernd überein. Die Kohlensäureerzeugung steht ebenso wie der Sauerstoffverbrauch in engster Beziehung zur Arbeitsleistung. Einige Zahlen mögen dies verdeutlichen. Es beträgt die Abgabe von Kohlensäure:

liegender Mensch	0,15	l/min.
sitzender „	0,21	„
langsames Gehen	0,45	„
schnelles „	0,70	„
Laufen	1,30	„
Langsames Treppensteigen	1,80	„
schnelles „	3,60	„

Der arbeitende Mensch erzeugt also ohne Berücksichtigung der extremen Fälle zwischen 40 und 100 l Kohlensäure pro Stunde. Wie beim Sauerstoffbedarf treten also auch hier recht erhebliche Schwankungen der Kohlensäureerzeugung auf. Während nun aber der Verbrauch an Sauerstoff in einem Kreislaufgerät kontrolliert werden kann, so daß auch bei stärkerem Verbrauch ein notwendig werdender Rückzug noch rechtzeitig angetreten werden kann, fehlt diese Möglichkeit in bezug auf die Kohlensäurebindung der Alkali-Patrone. Die Aufnahmefähigkeit der Alkali-Patrone für freiwerdende Kohlensäure ist daher für ein mittleres Höchstmaß berechnet. Es kann also vorkommen, daß der Sauerstoffvorrat eines Gerätes erschöpft ist, während die Patrone noch arbeitsfähig bleibt; im allgemeinen wird aber auch die Erschöpfung der Patrone ungefähr zum gleichen Zeitpunkt eintreten, wie die Erschöpfung der Sauerstofflasche.

Kohlensäure ist an sich kein Giftgas. Sie hat im Leben eine ganz eigenartige und wichtige Funktion; sie ist notwendig für den Aufbau der Pflanzen und erforderlich für alle Lebensprozesse. Vor allem aber: sie steuert unsere Atmung durch Reize auf das Atemzentrum. Im Übermaß wird sie aber zum Feind unserer Atmung. Bei den neuesten Pulmotoren — Apparate für Wiederbelebung — wird die Reizwirkung der Kohlensäure in Form eines genau dosierten Kohlensäurezusatzes verwertet. Steigt der Kohlensäuregehalt der Luft auf 5 v. H., so tritt erhöhte Atemtätigkeit ein, der Mensch gerät in heftige Aufregung, der Puls geht schneller, der Atem fliegt, Todesangst ergreift ihn. Bei 8 v. H. zeigen sich bereits narkotische Wirkungen, bei 10 v. H. tritt Bewußtlosigkeit ein. Versuche an Tieren haben gezeigt, daß bei 60—70 v. H. die Atmung nach einigen Minuten stehen bleibt; bei 75—80 v. H. tritt der Tod schlagartig ein. Im Gerät wird Kohlensäureübersättigung infolge Nichtarbeitens der Alkali-Patrone gleichzeitig auch Sauerstoffmangel bedeuten, so daß eine Art Kohlensäure-Narkose die Folge ist.

Sinkt der Sauerstoffgehalt der Luft unter 15 v. H., so ist der Mensch nicht mehr imstande, längere Zeit Arbeit zu leisten. **Sauerstoffmangel ruft keinen Luftmangel hervor und ist daher als solcher nicht ohne weiteres erkennbar.** Er führt aber zu Ohnmachten und selbst zum Tode, wenn nicht sofort wieder für ausreichende Sauerstoffzufuhr gesorgt wird.

Mit Sauerstoffmangel in der Atemluft ist vor allem dann zu rechnen, wenn Stoffe brennen, die erhebliche Gasmengen bei der Zersetzung entwickeln. Gleichzeitig ist dann auch das Auftreten giftiger Gase zu erwarten (Kohlenoxyd, Kohlensäure, nitrose Gase usw.)

Die Luft kann auch durch andere Stoffe (Gase, Dämpfe, Schwebstoffe, Staub und dergl.) verunreinigt sein. Hierzu gehören Reiz- und Ätzgase wie Chlor, Jod, Chlorwasserstoff, Phosgen, Ammoniak usw. Die meisten dieser Gase rufen durch Reizung der Atemwege Husten und Krämpfe in der Luftröhre hervor, so daß in gewissem Umfang die drohende Gefahr rechtzeitig erkannt werden kann.

Gefährlich sind ferner Blausäure (Ausgasungen), Arsen-, Phosphor- und Schwefelkohlenstoffe, sowie Anilin-, Benzin- und Benzoldämpfe, überhaupt alle Dämpfe von fettlösenden Mitteln.

Da solche Verunreinigungen bzw. Beimengungen in der Atemluft auch bei Ladungsbränden auftreten können — vor allem bei Bränden von Stückgütern, deren genaue Beschaffenheit nicht immer einwandfrei bekannt ist —, so können derartige Brände nur unter Beachtung besonderer Vorsichtsmaßnahmen und unter Einsatz von Atemschutzgeräten bekämpft werden.

Die verschiedenen Arten von Atemschutzgeräten.

Bei allen Atemschutzgeräten ist eine gute Verbindung des Geräts mit den Atmungswegen Vorbedingung für ein einwandfreies Arbeiten. Es besteht nun die Möglichkeit, sowohl Mund und Nase an das Atemgerät anzuschließen (Maskenatmung, Helmatmung), oder es kann auch nur der Mund mit dem Gerät verbunden werden (Mundatmung), dann muß die Nase durch eine Klammer geschlossen werden. Von der dritten Möglichkeit, nur die Nase anzuschließen, wird praktisch kein Gebrauch gemacht. Die Filtergeräte benutzen in gleicher Weise Mund- und Maskenatmung, die Kreislaufgeräte vorwiegend Maskenatmung. Eine weitere Vorbedingung ist bei Masken- oder Helmatmung, soweit es sich **nicht** um Frischluftgeräte handelt, die mit einem bestimmten Überdruck arbeiten, die Herstellung einer guten Dichtung zwischen Maske und Gesicht des Trägers.

Der Arbeitsweise und dem Anwendungsbereich nach unterscheidet man drei Arten von Atemschutzgeräten:

1. Frei tragbare **offene Filtergeräte**, bei denen die durch Beimengungen verseuchte Luft vor Eintritt in die Atmungsorgane zwangsläufig filtriert und von den schädlichen Beimengungen befreit wird.

2. Nicht frei tragbare **geschlossene Frischluftgeräte**, bei denen dem Geräteträger atembare Frischluft von außen her durch einen Schlauch zugeführt wird.

3. Frei tragbare **geschlossene „Sauerstoffgeräte"**, bei denen der Geräteträger den für die Erhaltung notwendigen Sauerstoff in verschiedener Form im Apparat mit sich führt.

Diese Einteilung der Atemschutzgeräte ist von grundlegender Bedeutung für ihren Anwendungsbereich. Auf diesen Unterschied muß von vornherein mit größtem Nachdruck hingewiesen werden.

Das **Filtergerät** (allgemein als **Gasmaske** bekannt) kann nur dann benutzt werden, wenn an der Gebrauchsstelle noch mit atembarer Luft zu rechnen ist, d. h.

a) es muß genügend Sauerstoff und
b) es darf kein Kohlenoxyd

vorhanden sein, weil Kohlenoxyd nur durch Spezialfilter unschädlich gemacht werden kann.

Das Filtergerät kann also bei Schiffsbränden nur dort eingesetzt werden, wo ausreichende Frischluftzufuhr sichergestellt ist, also meist auf freiem Deck und in hoch liegenden und genügend belüfteten Räumen.

Besteht auch nur der geringste Zweifel über den Sauerstoffgehalt der Luft oder kann mit dem Auftreten von Kohlenoxyd gerechnet werden, so sind **unter allen Umständen** die unter 2 und 3 genannten geschlossenen Atemschutzgeräte zu verwenden.

1. Filtergeräte.

Das **Filtergerät**, bekannt unter der allgemeinen Bezeichnung „Gasmaske", besteht aus Voll- oder Halbmaske oder aus nur einem Mundstück mit anschraubbarem Filter, gegebenenfalls unter Benutzung von Verbindungsschläuchen. Als Halbmaskengerät wird es auch in Verbindung mit einer Gasschutzbrille in der Industrie vielfach bei Arbeiten in staubiger Luft verwendet.

Als einfachstes Filtergerät diente früher (und wohl auch noch heute in besonderen Fällen) ein Mundschwamm oder trockenes Tuch, vor Mund und Nase gebunden. Diese primitiven Geräte haben sich allmählich zu dem heute gebräuchlichen hoch entwickelten Filtergerät (Gasmaske) mit Mund- und Maskenatmung entwickelt. Das Filter oder der Einsatz besteht aus mehreren Schichten von besonderer Zusammensetzung, eine davon meistens aus aktiver Kohle (besonders behandelte Holzkohle). Beim Einatmen der Luft durch das Filter hindurch werden die Verunreinigungen von den Schichten aufgenommen, beim Ausatmen zum Teil wieder mit ausgestoßen (Pendelatmung). Da hierbei aber der Durchgangswiderstand der Schichten auch beim Ausatmen vorhanden ist, sieht man bei den neueren Masken ein besonderes Ausatmungsventil vor. Derartige Masken sind z. B. die sogenannten S-Masken, die als Einheitsmasken für den aktiven Luftschutz eingeführt sind.

Eine ziemlich weit verbreitete Anwendung hat auch das **Mundstück**, der sogenannte „Schnuller", in Verbindung mit einer Nasenklammer gefunden, bei Preßlen- und Sauerstoffgeräten (vorzugsweise im Bergbau) ggf. unter Benutzung einer Brille.

Bei gutem Sitz (Größe 1 = groß, Größe 2 = normal, Größe 3 = klein) soll der Maskenkörper dem Gesicht möglichst nahe liegen, um den Totraum zu verkleinern. Man versteht hierunter den Raum, in dem bei der Ausatmung ein restlicher Teil der verbrauchten, d. h. mit Kohlensäure angereicherten Luft zurückbleibt und von dort aus bei der Einatmung erneut den Weg zur Lunge findet. Es erhellt daraus, daß der Gerätebau anstreben muß, diesen schädlichen Totraum durch zweckmäßige Konstruktion der Maske möglichst klein zu halten.

Auch bei der normalen natürlichen Atmung gibt es einen gewissen Totraum. Die Lunge hat auch ohne Atemschutzgerät bei jedem Atemzug ein bestimmtes Volumen mehr oder weniger verbrauchter Luft, etwa 150 ccm, aus Luftröhre, Nase und Mund wieder zu verarbeiten. Durch den Anschluß irgendwelcher Atemschutzgeräte wird dieser natürliche Totraum künstlich noch vergrößert. Der Gerätebau muß also dahin streben, die Gesamtvergrößerung möglichst niedrig zu halten, denn je mehr verbrauchte Luft die Lunge wieder verarbeiten muß, desto geringer ist die Arbeitsleistung, die der Geräteträger vollbringen kann. Mit etwa 300 ccm hat man bei der Maske heute die unterste Grenze des Totraumes erreicht. Hinzu kommt noch der Raumgehalt des Filtereinsatzes mit rund 250 ccm.

Die gewöhnliche Gasmaske, die Vollmaske, hat durch den Krieg und besonders auch in der Nachkriegszeit eine starke Vervollkommnung erfahren. Als Dichtungslinie hat sich im Laufe der Zeit eine Linie, die über Stirn, Schläfen, an den Wangen herunter und unter dem Kinn entlang führt, als die beste erwiesen, und zwar deswegen, weil sie alle hervortretenden Gesichtsteile umgeht. Ferner hat diese Dichtungslinie die Schaffung einer Maske ermöglicht, die auf jeden einigermaßen normalen Kopf paßt bzw. aufgepaßt werden kann. Der dem Gesicht anliegende Maskenrand ist mit einem weichen, schmiegsamen Material, meistens Velourleder, besetzt, das dafür sorgen soll, daß die Maske leicht dichtet und sich den Vertiefungen des Gesichts anschließt.

Der Maskenkörper ist aus verschiedenen, fest miteinander verbundenen Stoffschichten hergestellt, um neben der Gasdichtigkeit die notwendige mechanische Festigkeit zu erzielen. Die Maskenfenster bestehen aus Cellon mit innen liegender „Klarscheibe", die das Beschlagen durch Atemfeuchtigkeit verhindern soll. Die Klarscheiben dürfen nicht abgewischt werden, sind vielmehr nach Bedarf auszuwechseln.

Um das Gewicht des Filters bzw. der Schläuche, das die Maske nach unten und innen zieht, zu verteilen und um zu vermeiden, daß der Maskenrand gegen den Hals drückt — Atemschwierigkeit! —, besitzt die moderne Maske noch eine Kinnstütze. Die völlige Verteilung des Gewichts der ganzen Maske übernimmt die verstellbare Bebänderung aus Gurtband mit eingenähten Spiralen aus nichtrostendem Stahl. Die Bänderung ist so eingerichtet, daß sie ein möglichst schnelles Anlegen der Maske gestattet. Aber auch bei gut verpaßter Maske ist es nötig, sie vor jedesmaligem Gebrauch auf Dichtigkeit zu prüfen. Ein Tragband dient dazu, die Maske umgehängt vor der Brust in Bereitschaft tragen zu können. Das Gewicht der Masken beträgt je nach Materialverwendung 450 bis 650 g ohne Filter.

Die **Prüfung der Maske auf Dichtigkeit** geschieht, indem man nach dem Verpassen die Anschlußöffnung mit der einen Hand etwas abzieht, frei vom Gesicht hält und nun mit der Innenfläche der anderen Hand die Öffnung verschließt. Wenn nun eingeatmet wird, dann darf an der Dichtungslinie keine Luft eintreten. (Zischen!) Beim Einatmen entsteht nämlich im Hohlraum der Maske ein ziemlicher Unterdruck. Wird die Hand nun schnell von der Öffnung abgezogen, so tritt momentan ein Ausgleich mit der Außenluft auf unter hörbarem kurzen Klatschton.

(Über das Verpassen der Masken können hier keine Anweisungen gegeben werden, da eingehende schriftliche Anweisungen ihren Zweck nur unzureichend erfüllen können. Von wirklichem Nutzen kann nur die praktische Vorführung sein.)

Das Anschlußgewinde für das Filter sitzt im unteren Maskenteil. Neuerdings wird es so ausgeführt, daß das Ansatzzwischenstück eines Sauerstoffgerätes angeschlossen werden kann. Dabei darf nicht vergessen werden, das Ausatemventil, soweit ein solches vorhanden ist, durch ein besonderes Verschlußstück abzudichten, da sonst Verluste an Sauerstoff auftreten würden.

Die Ventile bestehen aus leichten unverziehbaren Glimmerplättchen, bei Einatemventilen auch wohl aus Gummiplättchen, die durch leichte Spiralfedern gegen ihren Sitz gedrückt werden; sie arbeiten fast energielos.

Wie arbeitet nun das Filtergerät? Wie schon der Name sagt, liegt seine Aufgabe lediglich darin, die einzuatmende Luft zu filtrieren, d. h. sie von irgendwelchen Staub-, Rauch- und Gasanteilen zu befreien. Die einfachste Art der Filtrierung erfolgt durch ein Sieb. Dieses grobe mechanische Verfahren genügt, um z. B. mittels Wattefilter Staubteilchen zurückzuhalten (Staubfilter), kleinere Teilchen (Rauch und Nebel) wandern aber durch die Watte hindurch. Man muß also daneben noch feinere mechanische Siebe bereithalten in Form von Zellstoffiltern. Bei Gasen und Dämpfen reicht auch dieses feinste mechanische Filter nicht mehr aus. Die Zurückhaltung der kleinsten Teilchen kann nur durch physikalisch oder chemisch wirksame Stoffe erfolgen. Hierzu wird aktive Kohle im Filter bereitgehalten.

Nach diesen Grundsätzen kann man fast alle schädlichen Gase und Dämpfe, **außer Kohlenoxyd**, zurückhalten.

Aktive Kohle hat die Eigenschaft, jedes Gas- oder Dampfteilchen, das in ihre Nähe kommt, an sich heranzuziehen und festzuhalten (physikalische Adsorption). Das Verhalten der aktiven Kohle einem speziellen Gift gegenüber hängt in erster Linie von der Größe und Schwere der bezüglichen Gasteilchen ab. Die größten und schwersten Gasteilchen werden am besten zurückgehalten, während die leichteren nur unvollkommen festgehalten werden. Diese leichteren Gase sind nun aber meist chemisch sehr aktive Stoffe, z. B. Ammoniak, Schwefelwasserstoff; zu ihrer Vernichtung benutzt man daher leicht in Reaktion tretende Chemikalien, die auf Diatomitstein aufgetragen werden (chemische Absorption). Für verschiedene Gase muß man selbstverständlich jeweils entsprechendes Filtermaterial verwenden.

Um Kohlenoxyd unschädlich zu machen, muß ein viertes Verfahren angewendet werden, das der Katalysatoren*. Hierbei wird das hochgiftige Kohlenoxyd durch eine langsame flammenlose Verbrennung (Katalysator, eine Metalloxydlösung, z. B. Hopkalit oder Kupferoxyd) in die harmlose Kohlensäure umgewandelt. Tritt hierbei eine starke Konzentration an Kohlensäure auf — über 5 v. H. —, so erhöht sich der Atemwiderstand. Die Umwandlung des Kohlenoxyds zu Kohlensäure bedingt nämlich völlig trockene Luft. Ein Kohlenoxydfilter besitzt daher neben dem Katalysator noch ein den Wasserdampf der Luft — ca. 15 g im cbm — absorbierendes Chemikal, z. B. Calciumcarbid, dessen Widerstand für den Durchgang von Luft sich bei beginnender Sättigung stark erhöht.

Die Frage der Gebrauchsdauer eines Filters hängt eng zusammen mit der Gaskonzentration und daneben auch mit der Art des Gases, das festgehalten und vernichtet werden soll.

Jedes Filter kann wiederholt und auch nach längeren Zwischenräumen gebraucht werden. Es ist verbraucht, wenn der Atemwiderstand wesentlich erhöht ist (durch Verstopfung der Filterschichten) oder wenn ein durch den Geruch wahrnehmbarer Durchbruch von Gas erfolgt (Erschöpfung des Chemikals). Wird ein ungewohnter verdächtiger Geruch festgestellt, so ist anzunehmen, daß das Filter sich seiner Benutzungsgrenze nähert. Dieser Grenzwert wird niemals plötzlich erreicht. Er macht sich vielmehr rechtzeitig bemerkbar, so daß genügend Zeit vorhanden ist, den Rückzugsweg anzutreten und das Filter auszuwechseln.

Bei den weitaus meisten Giftgasen liegt nämlich die sogenannte Geruchsschwelle weit unter der toxischen Grenze, d. h. unter der Grenze, wo die Gefahr der Vergiftung beginnt. Damit ist man in der Praxis bei fast allen Giftgasen einer großen Sorge enthoben, **ausgenommen beim Kohlenoxyd**. Zu beachten ist indes, daß bei nicht für jedermann übelriechenden Gasen, wie z. B. Benzin- und Benzoldämpfen, die Warnung des Durchbruchs häufig nicht beachtet wird, weil eben ein unangenehmer Geruch nicht auftritt. Man muß daher in allen Fällen, wo ein fremder, verdächtiger Geruch festgestellt wird, annehmen, daß das betreffende Filter sich seiner Benutzungsgrenze nähert.

Das Filtergerät mit einem Feuerwehreinsatz (F-Filter), der die bei Bränden auftretenden Gase **(aber nicht Kohlenoxyd)** bindet, ist zwar ein sehr einfaches Gerät; seine Verwendung muß aber, wie schon betont, auf die Einzelfälle beschränkt bleiben, wo noch mit Bestimmtheit mit ausreichendem Sauerstoffgehalt gerechnet werden kann, also z. B. auf offenen Decks, in Gängen und auf Vorplätzen, wenn die Zugrichtung von Rauch und Qualm nicht dem Vorgehen entgegengerichtet ist und schließlich bei Aufräumungsarbeiten. **Bei stehendem Rauch und unmittelbar an der Brandstelle sollen Filtergeräte an Bord überhaupt nicht verwendet werden.**

---

* Unter Katalysatoren versteht man Stoffe, die zu einer Reaktion mit einem anderen Stoff zwar an sich nicht fähig, sondern an ihr nur insofern beteiligt sind, als es durch ihre Anwesenheit ermöglicht wird, andere vorhandene Stoffe zu einer Reaktion zu bringen.

2. Frischluftgeräte.

a) Selbstsauger.

Selbstsauger bestehen aus einem Luftzuführungsschlauch, der mit einer Spiraldrahteinlage gegen Knicken und Zusammendrücken versehen ist und dessen Länge nicht über 30 m hinausgehen sollte, einem gewöhnlich auf dem Rücken tragbaren Ventilkasten und einem kurzen Verbindungsschlauch vom Ventilkasten zum Mund. Durch die Benutzung von Einatmungs- und Ausatmungsventilen im Ventilkasten wird erreicht, daß ein Pendeln der Atemluft nur in dem Verbindungsschlauch auftritt und damit der Totraum auf ein erträgliches Maß verkleinert wird. Das Ende des Zuführungsschlauches ist mit einem Trichter versehen zum Einsetzen verschiedenartiger Filter, je nach Art der vorhandenen Gase oder Dämpfe. Der Aufenthalt in Reizgasen wird durch eine Gummibrille mit Klarsichtscheiben ermöglicht. Die Apparate eignen sich besonders für Arbeiten in Tanks und Kesseln, jedoch ist Voraussetzung, daß der Zuführungsschlauch absolut luftdicht ist, da sonst durch den im Schlauch herrschenden Unterdruck Tank- oder Kesselgase mit angesaugt werden.

b) Druckschlauchgeräte mit besonderem Rauchhelm.

Das bekannteste dieser Geräte ist der König-Rauchhelm. Ein- und Ausatmungsventil fallen hierbei fort, der Träger braucht die Luft nicht selbst anzusaugen, sondern sie wird ihm unter einem geringen Überdruck zugepumpt, unter Verwendung eines meistens doppeltwirkenden Blasebalgs, der von einem zweiten Mann bedient wird. Der Druckschlauch ist ebenfalls als Spiralschlauch ausgebildet, die Atemluft wird in den Helm eingeführt und von dort eingeatmet. Die überschüssige Luft entweicht zusammen mit der ausgeatmeten Luft durch die Undichtigkeiten zwischen Helmschutzleder und Anzug. Da im Helm stets durch die Frischluftzufuhr ein gewisser Überdruck besteht, wird das Eindringen von Rauchgasen usw. wirksam verhindert.

Die Geräte werden meistens mit einer Sprecheinrichtung versehen. Eine gute Verständigung zwischen Träger und Hilfsmann kann aber nur durch ausreichende Übung erzielt werden. Die Länge des Druckschlauches soll nicht mehr als 30 m betragen (2 Längen je 15 m). Vor Ingebrauchnahme muß der Druckschlauch gut durchgeblasen werden, um Staub und dergleichen aus dem Schlauch zu entfernen. Rauchhelmgeräte eignen sich für die Brandbekämpfung vor allem auf Frachtschiffen und kleineren Fahrgastschiffen, d. h. überall da, wo die Brandstelle noch so günstig liegt, daß man unter Berücksichtigung der Schlauchlänge mit dem Blasebalg auf dem freien Deck bleiben kann. Unter diesen Voraussetzungen verdienen die Helmgeräte wegen ihrer Einfachheit und Betriebssicherheit unbedingt den Vorzug.

3. Sauerstoffgeräte.

Im Gegensatz zu den Filter- und Schlauchgeräten liefern diese Geräte den für die Atmung erforderlichen Sauerstoff aus sich selbst heraus. Sie sind also nicht abhängig von der umgebenden Atemluft wie die Filtergeräte und nicht ortsgebunden wie die Schlauchgeräte. Die ersten Geräte dieser Art, die zum Teil auch heute noch auf nicht deutschen Schiffen vorhanden sind, führen lediglich einen bestimmten Vorrat an Sauerstoff mit sich; beim Ausatmen geht daher ein großer Teil des Sauerstoffs ungenutzt verloren. Die Betriebsdauer dieser Geräte ist daher sehr beschränkt. Erst durch Einrichtungen, die es gestatteten, die in der Ausatmungsluft vorhandene Kohlensäure zu binden, gelang es, auch den in der Ausatmungsluft noch vorhandenen Sauerstoff für die Atmung wieder auszunutzen. Nach diesem Prinzip arbeiten die heute gebräuchlichen Geräte, bei denen man nach der Art der Sauerstofflieferung zu unterscheiden hat zwischen solchen, die den erforderlichen Sauerstoff aus einem mitgeführten Chemikal und solchen, die ihn aus einer mit Sauerstoff gefüllten Stahlflasche beziehen.

a) Geräte mit Sauerstofferzeugung durch besonderes Chemikal (z. B. Proxylengeräte).

Die Geräte bestehen aus einem vor der Brust zu tragenden U-förmigen Atembeutel von etwa 7 Liter Inhalt, der auf einem mit Trageriemen versehenen Grundtuch befestigt ist. Der Beutel besitzt in der Mitte eine Anschlußvorrichtung für eine Patrone, die mit einem unter Bindung von Wasserdampf und Kohlensäure gleichzeitig Sauerstoff abgebenden Chemikal (besonders stabilisiertes Natriumsuperoxyd — Proxylen —) gefüllt ist. Vom oberen Ende der Patrone führt ein kurzer Schlauch zum Mundstück bzw. zur Maske. Zwischen Patrone und Grundtuch befindet sich eine Holzplatte als Isolierung gegen die bei der Benutzung sich entwickelnde Wärme. Der Beutel ist mit einem Überdruckventil versehen sowie mit einer Vorrichtung zum Einsetzen einer kleinen Kohlensäure-Flasche, durch die eine schnellere Einsatzbereitschaft (Anspringen) des Gerätes erreicht werden soll.

Da hierbei jedoch der untere Teil der Patrone schon vor der eigentlichen Benutzung unter Erwärmung „an"-gebraucht wird, scheint die Verwendung von Kohlensäure zum Anspringen den Nachteil zu haben, daß dem Geräteträger die Erschöpfung der Patrone nicht rechtzeitig bzw. nur unvollkommen bemerkbar wird, weil im Verlauf der allmählichen Erschöpfung der Patrone von oben her der untere Teil nicht wieder genügend erwärmt wird, um den Verschluß einer kleinen, Pfefferminzgeschmack abgebenden Patrone im unteren Teil zum Abschmelzen zu bringen.

Beim Gebrauch werden die Verschlüsse der Patrone entfernt, die Patrone wird kräftig von oben nach unten durchgeblasen, eingesetzt und der Atmungsschlauch mit Mundstück angebracht. Hierauf wird die Luft aus dem Beutel durch Zusammendrücken entfernt, mit einigen tiefen Atemzügen (Einatmen aus der Luft, Ausatmen durch die Patrone) der

Beutel wieder gefüllt und die Kohlensäureflasche angeschlagen. Bei leergeatmeter Lunge wird nunmehr die Nasenklemme — bei Mundstückatmung — aufgesetzt und ruhig und tief geatmet. Zur Schonung der Nasenwände sollten die Nasenlöcher mit vaselingetränkten Wattebauschen verstopft werden. Nach 20—30 Sekunden muß sich dann die Patrone im oberen Teil erwärmen als Zeichen dafür, daß die Patrone richtig arbeitet und der Träger aus der Patrone mit Sauerstoff versorgt wird. **Das Warmwerden ist auf jeden Fall vor dem Vorgehen abzuwarten.**

Vorteile des Proxylengerätes sind seine Einfachheit, das geringe Gewicht (etwa 3 kg) und die Möglichkeit, verunglückte Personen bequem auf dem Rücken tragen zu können; nachteilig ist eine ziemlich hohe Wärmeentwicklung (etwa bis zu 70°) der Patrone nach längerem Gebrauch und die dadurch bedingte sehr heiße Atemluft. Der Atmungswiderstand ist wegen der angewandten Pendelatmung verhältnismäßig groß. Außerdem ist es nicht immer möglich, wie bereits gesagt, die Benutzungsdauer des Geräts und im Zusammenhang damit den bevorstehenden Erschöpfungszustand der Patrone zu erkennen. Ein gewisser Nachteil liegt endlich auch darin, daß die Betriebsbereitschaft eine vorgehende kurze Anlaufszeit benötigt.

b) **Geräte mit Sauerstofflieferung durch mitgeführten Sauerstoffvorrat und Bindung der Kohlensäure durch besondere Patrone (Dräger und Degea=Geräte).**

Das in der Seeschiffahrt bekannteste Gerät dieser Art ist das Dräger=Gerät, als neuestes Modell bekannt unter der Bezeichnung: K. G. (Klein=Gasschutz)=Gerät 130. Das Gerät besteht ebenso wie das Degea=Gerät aus einer Atemmaske mit als Speichelfänger ausgebildetem Anschlußstück oder einem Mundstück, einem Ein= und Ausatmungsschlauch, einem Ventilkasten für Ein= und Ausatmungsventil, einem Atmungsbeutel, einer Sauerstoff=Flasche (stets blauer Anstrich) und einer Kalipatrone, die mit den erforderlichen Armaturen und Zusatzeinrichtungen in einem mit Verschlußklappen versehenen Blechtornister untergebracht sind. Vom oberen Teil des Tornisters führen zwei Atmungsschläuche (Einatmungs= und Ausatmungsschlauch) über die Schultern zum Maskenanschlußstück. Der „Heeresatmer" zeigt den gleichen grundsätzlichen Aufbau. Nur in der Schlauchführung sind Abweichungen zu erkennen.

Das Absorptions=Chemikal in der Patrone ist nun allerdings nicht Ätzkali, sondern Ätznatron, NaOH, kaustische Soda. Früher wurde in der Hauptsache Ätzkali verwendet. Die **Kali=Patrone** ist also eigentlich eine „**Natron=Patrone**".

Ätznatron kommt in großen Blöcken vor und wird nach entsprechender Verarbeitung als weiß=gelbe Körner, deren Größe, Form und Kristallstruktur durch eingehende Versuche festgelegt sind, in die Patronen gefüllt, die mit sogenannten Faltensieben versehen sind, deren Maschenweite und Drahtstärke ebenfalls genau ermittelt sind, um einen möglichst geringen Luftwiderstand (Atemwiderstand) zu erzielen. Dieser Widerstand betrug bei älteren Konstruktionen bei einem Luftstrom von 50 l/min. beim Beginn der Beatmung 4,5 mm Wassersäule, nach 1 Stunde 16 mm; bei der Faltensiebpatrone beträgt der Widerstand nur noch 0,6 mm der Patrone abgestellt auf einen Luftstrom je Minute von 50 bis 60 l, eine Kohlensäureerzeugung von etwa 45 l/Std. und einen Gehalt der Atemluft von 0,3 v. H. Kohlensäure im Gegensatz zu früheren Anschauungen, die 20 l Luftstrom sowie 25 l Kohlensäure annahmen, und 3 v. H. Kohlensäure in der Atemluft noch zuließen.

Was sich bisher nicht hat erreichen lassen, ist die Verhinderung der Wärmeentwicklung im Gerät, die durch die chemische Absorbtion bedingt ist nach der Formel: 2 NaOH + CO_2 = Na_2 CO_3 + H_2O. Die Einatemluft gelangt also stark erhitzt in die menschliche Lunge, es hat sich aber herausgestellt, daß dies unschädlich ist, solange die Luft trocken ist; dies ist im Gerät der Fall. Temperaturen bis zu 100° können auf diese Weise ertragen werden. Im Gerät steigt die Temperatur der Einatemluft maximal jedoch nur bis auf 60°. Man muß sich dies vor Augen halten, wenn man unter Atemschutz arbeitet. Eine Wärmebelastung tritt zwar ein, da aber hiermit keine Gefahr verbunden ist, braucht, so lange sonst alles in Ordnung ist, ein vorzeitiger Rückzug nicht angetreten werden. Man könnte die Einatemluft ja vielleicht in geeigneter Weise kühlen. Durch den Einbau einer Kühlvorrichtung würde das Gerät aber nur unnütz schwerer werden. Außerdem: je heißer die Patrone, desto besser arbeitet sie. Man behält also hierüber eine gute Kontrolle.

Die Wirkungsweise des Geräts ist kurz folgende: Die unter der Maske oder durch ein Mundstück ausgeatmete kohlensäurehaltige Luft strömt durch den Ausatmungsschlauch über das Ausatmungsventil zur Kalipatrone, wo die Luft von der Kohlensäure und der Feuchtigkeit befreit wird, und weiter in den Atmungsbeutel. Aus der Sauerstoff-Flasche, die bei 150 atü Anfangsdruck und 1 Liter Inhalt an flüssigem Sauerstoff rund 150 Liter gasförmigen Sauerstoff liefert, strömt der Sauerstoff (bei konstanter Dosierung etwa 2,1 l/min) über ein Druckminderungsventil, das den Druck auf etwa 3 at herabsetzt, in den Atmungsbeutel — Inhalt 5,5 Liter — und reichert hier die Atmungsluft wieder mit dem erforderlichen Sauerstoff an. Die einzuatmende Luft wird durch den Einatmungsschlauch über das Einatmungsventil dem Atmungsbeutel entnommen und zum Anschlußstück geleitet. Zusatzeinrichtungen sind das Zusatzventil, das bei Überschreitung des Sauerstoffbedarfs von Hand betätigt werden kann und der Druckanzeiger (Finimeter) für den Inhalt der Sauerstoff-Flasche. Außerdem besitzt der Beutel noch ein Überdruckventil.

Die Kreislaufgeräte werden neuerdings auch mit einer lungenautomatischen Dosierung, kombiniert mit einer konstanten Dosierung von 1,5 l/min versehen im Gegensatz zu der früher üblichen rein konstanten Dosierung von 2,1 l/min. Man versteht hierunter eine zusätzliche Geräteeinrichtung, die automatisch in Tätigkeit tritt, wenn der Sauerstoffgehalt unzulässig gesunken ist. Damit diese Einrichtung aber überhaupt zur Wirkung gelangen kann, ist es unbedingt erforderlich, beim Anlegen des Geräts die in den Hohlräumen vorhandene Luft — Atembeutel und Schlauchverbindung — weitgehendst zu entfernen. Dies geschieht durch Leersaugen des Atembeutels am Anschlußstück zur Maske bzw. Mundstück bei geschlossenem Ventil des Sauerstoffzylinders und darauffolgendem Füllen des Atembeutels mit Sauerstoff durch Öffnen des Ventils. Unmittelbar danach muß das Verkuppeln von Anschlußstück und Maske vorgenommen werden. (Das Leersaugen kann auch durch kräftiges Durchspülen des Apparats mit Sauerstoff ersetzt werden. Sauerstoffverlust!)

Das Leersaugen (bzw. Durchspülen) ist unbedingt erforderlich auf Grund folgender Überlegung: Der Gesamtinhalt des Gerätes beträgt, wie schon oben gesagt, rund 10 l atmosph. Luft (im ungünstigsten Falle, mit dem aber zur Sicherheit gerechnet werden muß). Hiervon sind 21 v. H. = 2,1 l Sauerstoff und 79 v. H. = 7,9 l Stickstoff. Angenommen, die 2,1 l Sauerstoff sind durch die Atmung verbraucht, ein Zusatz von Sauerstoff findet nicht statt, so bleiben im Gerät 7,9 l Stickstoff übrig, davon in den Rohrleitungen und in der Alkali-Patrone — den unnachgibigen Teilen des Geräts — 4 l, im Atembeutel noch 3,9 l Stickstoff, statt der vorher hier vorhandenen 6 l Luft, weil allein der Atembeutel sich den geänderten Druckverhältnissen anpassen kann. Er ist damit noch zu zwei Drittel gefüllt. Die lungen-automatische Dosierung tritt nun aber erst in Tätigkeit, wenn der Beutel nur noch etwa halb gefüllt ist, d. h. in diesem Falle überhaupt nicht. Dasselbe tritt ein, wenn infolge erhöhter Arbeitsleistung die Dosierung nicht ausreicht und der zugeführte Sauerstoff restlos verbraucht wird. Auch jetzt bleiben im Beutel die 3,9 l Stickstoff, und der Automat springt nicht an. Die Folge ist das Auftreten einer Stickstoffnarkose (= Sauerstoffmangel), die bei sofort einsetzender schwerer Arbeit bereits nach einer Minute eintreten kann. Eine Heraufsetzung der Empfindlichkeit des Automaten ist jedoch unzweckmäßig, weil der Automat dann eventuell bei jedem tieferen Atemzug anspringen würde (Atemzuggröße bei leichter Arbeit ½ bis 1 l, bei schwerer Arbeit 2½ bis 3 l), was eine häufigere Abgabe von zusätzlichem Sauerstoff, Aufblähen des Beutels beim Ausatmen, Abblasen des Überdruckventils und damit eine vorzeitige Erschöpfung des begrenzten Sauerstoffvorrats zur Folge haben würde. Der Stickstoffgehalt im Gerät wird nun aber auch noch dadurch vergrößert, daß es praktisch nicht möglich ist, absolut reinen Sauerstoff herzustellen. Es wird zwar eine Reinheit von 99,2 v. H. gefordert, die jedoch nicht immer erreicht wird. Aber selbst hierbei sind von den 150 l Inhalt des Sauerstoffzylinders immerhin noch 1,2 l Stickstoff; bei einer Reinheit von nur 95 v. H. sind es 7,5 und bei einer Reinheit von nur 90 v. H. sogar 15 l Stickstoff, die allmählich mit in die Hohlräume des Geräts übergehen. Dies bedeutet aber nichts anderes, als daß auch bei vorher leergesaugtem Beutel die nicht bemerkbare Gefahr einer Stickstoffnarkose wieder auftritt. Eingehende Versuche der Gelsenkirchener Feuerwehr und der Bergschule Bochum haben die Überlegenheit des lungenautomatischen Geräts gegenüber dem mit nur konstanter Dosierung erwiesen. Die Dauer der Arbeitszeit verlängert sich, da Sauerstoff gespart wird.

Wenn daher bei der Benutzung des Gerätes vergessen wird, das Verschlußventil des Sauerstoffzylinders zu öffnen, oder wenn die Dosierung zu knapp bemessen oder durch irgendwelche Umstände herabgesetzt ist (Verstopfung oder Verschmutzung, eventuell auch durch Oxydation des Dosierungsventils), dann ist die Sauerstoffversorgung nicht oder nicht genügend in Tätigkeit. Das eine kann durch Aufmerksamkeit vermieden werden, das andere durch eine zweckentsprechende Konstruktion. Der Geräteträger kann beim Vorliegen einer mangelhaften Sauerstoffversorgung wohl noch für kurze Zeit seinen Sauerstoffbedarf aus der in den Hohlräumen des Geräts enthaltenen Luft decken. Die mit der Ausatmung freiwerdende Kohlensäure wird in der Alkali-Patrone gebunden. Ist nun der in den Hohlräumen vorhandene Sauerstoffvorrat verbraucht, so wird aus der Atemluft im Gerät lediglich die Kohlensäure entfernt, und in den Zirkulationswegen einschließlich der Lunge bleibt Stickstoff übrig. Stickstoff ist nun zwar kein giftiges Gas, es ist aber auch kein Atemgas. Es ist höchst eigenartig, und gerade diese

Eigenart macht die Stickstoffnarkose unter Umständen so überaus gefährlich, daß ein Mensch, der im Kreislaufgerät einem **völligen** Sauerstoffmangel ausgesetzt wird, davon nicht das geringste wahrnimmt, im Gegenteil, er hat häufig das Gefühl eines gesteigerten Wohlbefindens; er hat angenehme Vorstellungen und Gedanken, Wunschphantasien begleiten diesen Zustand. Plötzlich fällt der Betreffende dann schlagartig um, und wenn er nicht rechtzeitig aus dem gefährlichen Kreislauf, der ihn nicht mehr mit genügend Sauerstoff versorgt, entfernt wird, ist er in kurzer Zeit tot. Diese Erscheinung ist auch während des Krieges in Unterseebooten aufgetreten; in den Booten lagen dann Verhältnisse vor, bei denen die Sauerstoffversorgung gestört worden war. Diese Kohlensäure in der Atemluft wurde zwar noch durch die Alkali=Patronen=Batterie gebunden; aber niemand im Boot konnte merken, daß die Sauerstoffversorgung gefährdet war, bis plötzlich in einem Raum die Leute zusammmenbrachen. Man soll sich daher bewußt sein, daß in der Praxis eine Stickstoffnarkose sehr wohl auftreten kann. **Vermieden werden** kann diese Gefahr nur durch sorgfältige Ausbildung und Auf= klärung der Geräteträger, durch größte Sorgfalt im Gerätebau und durch **peinliche, sachgemäße Pflege der Geräte.** Das Anlegen des Gerätes und Prüfung auf richtiges Arbeiten darf daher nur in einwandfrei reiner Luft, also niemals etwa erst in der Nähe einer Brandstelle erfolgen.

Um also ohne Gefahr im Gerät arbeiten zu können, kommt es einmal darauf an, beim Anlegen des Geräts die Hohlräume möglichst leer zu saugen bzw. mit reinem Sauerstoff zu füllen, zum andern, nur Sauerstoff von der erzielbaren Rein= heit von 99,2 v. H. zu verwenden. Das behelfsmäßige Nachfüllen von Sauerstoff an Bord, vielleicht aus großen, für Schneid= oder Schweißzwecke vorhandenen Sauer= stoff=Flaschen ist daher absolut zu verwerfen, weil die geforderte Reinheit in keiner Weise gewährleistet ist. Als Reserve dürfen also, wenn die Nachfüllung mit reinem Sauerstoff aus großen Flaschen nicht gewährleistet ist, nur von einer anerkannten Fabrik gefüllte und fertiggemachte Flaschen zur Verwendung gelangen. Es mag hier erwähnt werden, daß die Richtlinien für den Gasschutz im Bergbau einen ständigen Sauerstoffgehalt von 25 v. H. im Gerät verlangen.

Um den Sauerstoffbedarf auch bei zeitweiligen Höchstleistungen decken zu können, sind die neueren Geräte mit einer Einrichtung versehen, die es dem Geräteträger nach eigenem Ermessen gestattet, im Bedarfsfalle während der Arbeit zusätzlich Sauerstoff in das Gerät zu bringen. Dieses vom Geräteträger leicht zu betätigende Ventil wird auch wohl als Angstknopf bezeichnet. Durch einmalige Betätigung des Knopfes werden etwa 2½ l Sauerstoff zusätzlich in den Kreislauf eingeschaltet, ausreichend für etwa 2 Minuten mäßiger Arbeitsleistung.

Eine weitere Einrichtung, um der Gefahr einer Stickstoffnarkose vorzu= beugen, die in der Praxis gar nicht so selten ist, zumal dann, wenn das Anlegen des Geräts in Eile vorgenommen wurde, ist eine kleine Hupe, die automatisch dann in Tätigkeit tritt, wenn nach dem Anlegen und Leersaugen des Geräts vergessen wurde, das Verschlußventil des Sauerstoffzylinders zu öffnen. Hieraus ergibt sich auch die Notwendigkeit genauer Kontrolle, sowohl bei Übungen wie auch im Ernstfalle.

Der Träger eines solchen Geräts ist also völlig unabhängig von der ihn umgebenden Luft. Seine ausgeatmete Luft wird nach Bindung der Kohlensäure mit Sauerstoff angereichert und erneut eingeatmet. Daher werden diese Geräte auch als **Kreislaufgeräte** bezeichnet. Der ständige Antrieb des Kreislaufes erfolgt durch die Atmungstätigkeit, d. h. durch die Lungenkraft des Geräteträgers; man verwendet deshalb auch die Bezeichnung: Lungenkraftgerät.

Vor Gebrauch werden die Verschlüsse der Kalipatrone entfernt, die Patrone eingesetzt (Pfeilrichtung beachten!), die Sauerstoff=Flasche ein= gesetzt und angeschlossen. Darauf wird das Gerät angelegt und danach die Maske. Vor dem Anschließen der Atmungsschläuche ist das Sauerstoffventil vollkommen zu öffnen und der Atmungsbeutel und die Leitungen (etwa 10 Liter Inhalt, davon Beutel 5,5 Liter) unter Betätigung des Zusatzventils mit Sauerstoff durchzuspülen. Dann werden die Atmungsschläuche an die Maske oder das Mundstück angeschlossen und gegebenenfalls die Nasenklemme aufgesetzt, vom Träger ist nochmals der Druck, die geöffnete Stellung des Sauerstoffventils, das einwandfreie hörbare Spielen der Ventile und das Arbeiten des Zusatzventils zu überprüfen. Vor dem Schließen des Geräts überzeugt man sich noch von der beginnenden Erwärmung der Kalipatrone, als Zeichen dafür, daß die Patrone einwandfrei arbeitet, d. h. die ausgeatmete Kohlensäure und den Wasserdampf bindet. Die Einatmung der erhitzten Luft ist keinesfalls schädlich, weil die Luft völlig trocken ist.

Die Patronen dürfen zur Erhaltung ihrer Betriebssicherheit nur abgedichtet gelagert werden. Die im Deckel und im Boden befindlichen Öffnungen müssen durch Verschraubungen mit Dichtungsringen verschlossen sein. Erst unmittelbar vor der Ingebrauchnahme sollen diese Öffnungen freigelegt und die Patrone in das Gerät eingesetzt werden.

Die Lagerfähigkeit der Patronen beträgt 4—5 Jahre. Bei sorgfältiger Pflege, d. h. wenn die Verschlüsse regelmäßig überprüft und nachgezogen werden und der Lagerraum trocken gehalten wird und gleichmäßige Temperaturen aufweist, arbeitet die Patrone noch nach 10jähriger Lagerzeit einwandfrei.

Benzin- und Benzoldämpfe können, falls Undichtigkeiten der Patronen vorhanden sind, ihre völlige Unbrauchbarkeit herbeiführen. Andere organische Dämpfe, z. B. von Alkohol, Chloroform und dergl. wirken nur solange lähmend, wie die Patrone ihrem Einfluß ausgesetzt ist. Die Patrone erholt sich nach kurzer Zeit wieder und ist erneut einsatzfähig.

Wasserdampf dagegen — in der Ausatemluft stets enthalten — übt keine schädigende Wirkung aus, er unterstützt vielmehr die Absorption. Aus absolut trockener Luft würde CO_2 mittels der Alkali-Patrone nicht ohne weiteres gebunden werden.

Vor Beginn einer Rettungsarbeit dürfen niemals irgendwelche alkoholischen Getränke genommen werden, weil die Patrone unter Umständen aussetzt und eine tragbare Anreicherung mit Kohlensäure auftreten kann.

Angebrauchte Patronen dürfen nur wieder benutzt werden, **so lange sie nicht erkaltet sind** und so lange die Gesamtbetriebsdauer nicht überschritten ist, jedoch **nur zu gefahrlosen Übungen unter Aufsicht.**

Die Gefährlichkeit einer Wiederbeatmung besteht in folgendem: Auf der Oberfläche der Ätznatronkörner bildet sich nach kurzer Zeit der Beatmung eine wässrige Schicht. Erkaltet nun die Patrone, so erhärtet diese Schicht, die Kristallstruktur verschwindet und die „Glasur" verhindert ein „Anspringen" der Patrone, das, wie aus den obigen Darlegungen ersichtlich, für den Gebrauch unbedingt erforderlich ist. Die Glasur absorbiert zwar noch CO_2, aber nur sehr langsam; ein Austausch der noch unbenutzten Kernmasse der Körner findet nicht mehr statt. Die ganze Patrone arbeitet bei Wiedergebrauch also nicht mehr ordnungsmäßig, oft überhaupt nicht mehr. Durch eine kurze Gebrauchsdauer einer neuen Patrone verschmelzen die einzelnen Körner nun allerdings noch nicht, was bei längerem Gebrauch der Fall ist, die Glasur bildet sich aber stets. Die Patrone würde also beim Schütteln noch rasseln, obgleich sie für den Ernstfall nicht mehr verwendungsfähig ist. **Das Rasseln der Patrone ist daher kein untrügliches Zeichen für ihre Gebrauchsfähigkeit.** Hieraus ergibt sich für den Ernstfall die unbedingte **Forderung der Verwendung nur neuer ungebrauchter Patronen.** Angebrauchte, im Gerät verbleibende Patronen gefährden durch Verätzung die Anschlüsse.

Eine gebrauchte Patrone nimmt an Gewicht zu. Die Zunahme wird in der Hauptsache bewirkt durch Aufnahme von Kohlensäure und zu etwa 10 v. H. durch ausgeatmete Wasserdämpfe. Das Verhalten ist schwankend, je nachdem, ob ein geübter oder ungeübter Mann die Patrone beatmet. Die Gewichtszunahme beträgt maximal bei Patronen von einer Stunde Gebrauchsdauer 110 bis 150 g, bei 2 Stunden 190 bis 220 g, bei 3 Stunden 300 bis 335 g. Da jede fertiggestellte Patrone genau gewogen und das Gewicht auf ihr vermerkt wird, so läßt sich aus der Gewichtszunahme ein Schluß ziehen auf die Zeitdauer ihrer Verwendungsmöglichkeit unter Beachtung der besprochenen Forderungen. Der sich niederschlagende Wasserdampf und die bei der Reaktion entstehende Lauge sammeln sich in trichterförmigen Blechkörpern, die an den Öffnungen so angebracht sind, daß ein Auslaufen nicht stattfinden kann. Bei voller Ausnutzung der Aufnahmefähigkeit der Patronen kann von dem Geräteträger eine Arbeit von 7500—8000 mkg geleistet werden. Für den Gebrauch in hohen oder niedrigen Temperaturen wird das Chemikal besonders präpariert. Solche Patronen sind gekennzeichnet durch ein rotes Etikett für Arbeiten bei hohen Temperaturen von 30° C ab. Ein blaues Etikett kennzeichnet Patronen für das Arbeiten unter Wasser, während für den normalen Gebrauch im Sommer und Winter weiße Etiketten verwendet werden.

Dem Träger-Gerät entspricht das Degea-Gerät in Aufbau und Arbeitsweise. Die Vorteile dieser Geräte sind vor allem die geschützte Unterbringung der wichtigsten Teile der Geräte, die Möglichkeit der Überwachung des Sauerstoffvorrats, die Möglichkeit, bei schwerer Arbeit die Sauerstofflieferung erhöhen zu können, die sofortige Betriebsbereitschaft nach dem Anlegen, sowie die für ein bequemes Arbeiten vorzuziehende Tragweise als Tornister und vor allem die völlige Unabhängigkeit des Geräteträgers. Nachteile dieser Geräte sind dagegen: das große Gewicht (12—14 kg), die Tatsache, daß die Geräte einer besonderen Ausbildung der Träger erfordern, um voll wirksam werden zu können, und schließlich die gegenüber anderen Geräten erforderliche **ständige Sorgfalt in der Pflege und Prüfung** der Geräte.

Als geschichtlich für die Entwicklung der Kreislaufgeräte interessant mag hier noch folgendes gesagt werden:

Für das erste **Atemschutzgerät**, ein Kreislaufgerät, das im Jahre 1903 von der Firma Draeger hergestellt wurde, war eine Sauerstoffversorgung von 0,9/1,2 l/m eingestellt. Es stellte sich aber nach kurzer Zeit heraus, daß diese Menge an Sauerstoff viel zu gering war; daß also die damals geltende physiologisch-wissenschaftliche Meinung, der Mensch brauche nicht mehr Sauerstoff, falsch war. Draeger fand z. B. 1904, daß für die Atemernährung eines im Gerät schwer arbeitenden Menschen eine Sauerstoffmenge von mindestens 2 l/m erforderlich ist. Diese Feststellung gab dem Gerätebau und der ganzen Atemschutzpraxis die erste feste physiologische Grundlage, aus der sich wiederum auch die ersten technischen Grundsätze ergaben. Durch fortgeführte Versuche und Untersuchungen wurde einwandfrei festgestellt, daß der **Sauerstoffbedarf eines Menschen** abhängig ist von dem Verbrauch an Energie, der ihm durch eine zu leistende Arbeit auferlegt wird.

8. Stunde.

Ausbildung von Geräteträgern und Unterweisung in der Behandlung und Pflege der Geräte an Hand von verwendungsbereiten Apparaten.

Die wichtigste Voraussetzung für das sichere und erfolgreiche Arbeiten unter Atemschutzgeräten ist das völlige Vertrautsein mit ihrer Eigenart. Träger und Gerät sind als ein untrennbares Ganzes anzusehen, das unter den vielfach äußerst schweren Bedingungen des Ernstfalles nur dann reibungslos arbeitet, wenn der Träger seine ganze Kraft und Aufmerksamkeit nicht dem Gerät, sondern der Umwelt und dem Brandherd zuwenden kann. Jeder Geräteträger muß es daher als seine Pflicht ansehen, soviel wie möglich mit angelegtem Gerät ernstfallmäßig zu üben. Er muß wissen, daß nicht einwandfrei ausgebildete Mitglieder eines Gerätetrupps sich selbst, den ganzen Trupp und damit auch das gesamte Schiff mit Fahrgästen und Besatzung gefährden. Jeder Geräteträger muß sich bereits bei den Übungen daraufhin kritisch prüfen, ob er den vielfach schweren Anforderungen des Ernstfalles entsprechen wird und durchhalten kann.

Für die Ausbildung als Geräteträger kommen nur körperlich und geistig gesunde Leute von über 20 Jahren in Frage, die ihre Geeignetheit durch eine ärztliche Untersuchung nachgewiesen haben. Besonders geeignet sind Leute mit widerstandsfähigem, hagerem und sehnigem Körper und einem großen Lungenfassungsvermögen, die daneben auch die erforderlichen psychischen Eigenschaften — Ruhe, Überlegenheit, Entschlossenheit und Kaltblütigkeit — besitzen. Tollkühne, prahlerische und nervöse Leute und selbstverständlich auch zu Alkoholgenuß neigende Leute sind für das Arbeiten unter Atemschutzgeräten völlig untauglich. Leute mit beschädigtem Trommelfell und hochliegendem Zwerchfell, mit Haut- und Herzerkrankungen sollten ebenfalls für das Arbeiten unter Gerät nicht herangezogen werden. Aus den zur Verfügung stehenden Leuten sind nur die nach diesen Gesichtspunkten geeignetsten Leute auszuwählen.

Die praktische Ausbildung beginnt mit dem Verpassen und dem mehrmaligen Aufsetzen und Abnehmen der Masken bzw. des Rauchhelms. Die einzelnen Handgriffe und die Art der Handhabung sind eingehend zu erläutern.

Einwandfreier dichtschließender Sitz der Maske ist Voraussetzung für eine erfolgreiche Arbeit des Trägers. Grundsätzlich sollte bei der Brandbekämpfung Maskenatmung gegenüber der Verwendung von Mundstücken vorgezogen werden, weil sie Schutz gegen Stichflammen bietet. Die vorhandenen 3 Maskengrößen richten sich nach dem Abstand der Verbindungslinie der Augenbrauen vom Kinn. Die Kopfbänder sind der Schädelform entsprechend einzustellen. Die Dichtungslinie der Maske muß gleichmäßig anliegen, an keiner Stelle darf sich ein besonderer Druck bemerkbar machen.

Vor jedem Einsatz eines Gerätes mit Maskenatmung sind einwandfreier Sitz und Gasdichtigkeit nachzuprüfen.

Neben dem sorgfältigen Verpassen der Maske ist die Beherrschung der Atmungstechnik grundlegend für die Arbeit unter Atemschutzgeräten.

Der einwandfreie Betrieb der Geräte stützt sich auf eine ruhige tiefe Atmung. Flachatmer, d. h. Leute, die ihre Lungen nicht voll ausnutzen, sind nicht zu gebrauchen. Sehr viele Menschen haben es im Laufe der Zeit verlernt, richtig zu atmen. Durch systematische Atemgymnastik kann dieser Fehler allmählich behoben werden.

Die Atemtätigkeit des Geräteträgers wird beeinflußt durch den Atemwiderstand des Gerätes selber und durch den Totraum, der zu einer Kohlensäureanreicherung der Atemluft führt.

Der erhöhte Atemwiderstand zwingt zu einer tiefen Ein- und Ausatmung und erfordert dadurch vom Geräteträger eine erhöhte Arbeitsleistung. Die Kohlensäureanreicherung ihrerseits wirkt auf das Atemzentrum und führt zu einer beschleunigten Flachatmung und damit zu einem weiteren Steigen des Kohlensäureanteils. Als Folge für den Träger stellt sich sehr schnell Ermüdung ein. Unter Umständen treten auch ernste Krankheitserscheinungen (Schwindelgefühl, Erbrechen, Bewußtlosigkeit) auf.

Zur Vermeidung dieser Schäden muß bei den Übungen immer wieder gesagt werden: **voll einatmen, voll ausatmen, ruhig atmen**. Auch bei größerer Arbeitsleistung unter Atemschutzgerät soll ebenso ruhig geatmet werden, wie man es ohne Gerät gewohnt ist. In einem richtig gebauten und gepflegten Atemschutzgerät **muß** jede Atemkrise überwunden werden können.

Die Durchführung der Forderung verlangt eingehende praktische Übungen und williges Vertrauen zu dem Gerät. Es ist stets zu bedenken, daß der Geräteträger nicht nur den erhöhten Atemwiderstand zu überwinden hat, sondern gerade bei vermehrter körperlicher Anstrengung eine Störung der normalen Hautatmung durch den dichten Abschluß der Maske erfährt.

Auf praktische Übungen ist also größter Wert zu legen. Der Träger muß sich an eine längere Tragezeit des Geräts gewöhnen. Von einfachen Freiübungen ausgehend sind die körperlichen Beanspruchungen langsam zu steigern. Wenn eine gewisse Gewöhnung an das Gerät erfolgt ist, sind — vorerst im Freien — Übungen schwererer Art vorzunehmen (z. B. Sand schaufeln, Tragen von Personen und schweren Gegenständen), um dem Träger auch bei erhöhtem Luftbedarf das Gefühl der Sicherheit und ausreichender Luftzufuhr zu geben. Mit frei tragbaren Geräten können auch Laufübungen gemacht und Treppen erstiegen werden. Zum Schluß kommen dann Übungen in geschlossenen Räumen und in besonders hergerichteten Übungsstrecken, die mit Reizgas und Rauch gefüllt sind. Den Trägern sind hierbei leichtere und schwerere Aufgaben zu stellen (Durchsteigen von Mannlöchern, Herausholen bezeichneter Gegenstände — Kisten, Sandsäcke und dergl. —, Bergung von Personen), um ein völliges Vertrautsein mit dem Gerät zu erreichen. Als sehr zweckmäßig haben sich auch Findigkeits- und Tastübungen in verdunkelten Räumen erwiesen, um den Geräteträger an das Arbeiten an verqualmten, unbekannten Brandstellen zu gewöhnen. Diese Übungen lassen sich auch in erleuchteten Räumen recht wirklichkeitsnah durchführen, wenn man die Gläser der Masken oder Rauchhelme durch Pappscheiben abdeckt. An Bord eignen sich für derartige Übungen am besten Gepäckräume oder zum Teil mit Ladung belegte Zwischendecks, in denen über Hindernisse hinweg der Ort irgendeines akustischen Signals (Gong) gesucht werden muß.

Zur Vergasung und Verqualmung von Übungsräumen verwendet man am besten von einer chemischen Fabrik zu beziehendes Tränengas (Bn-Stoff) und Rauchpulver. Übungsstrecken, die mittels Räucheröfen verqualmt werden, müssen innerhalb der Strecke Nottüren besitzen und an geeigneten Stellen durch Fenster beobachtet werden können. Verqualmte Räume dürfen nicht zu Übungen mit Filtergeräten benutzt werden (CO-Gefahr)!

Es kommt dabei weniger auf Schönheit und Vielgestaltigkeit der Übungen an, sondern nur darauf, das gesteckte Ziel zu erreichen. Der Geräteträger muß lernen, Unbehagen, das ausgelöst wird durch das Gefühl des Abgeschlossenseins von der Außenluft, niederzukämpfen (hierbei hilft vielfach das laute Singen von Liedern), er muß "Atemkrisen" überwinden (**Stehe still und sammle dich!**), er muß in völliger Dunkelheit schwerste Arbeit leisten können, kurzum, er muß von der Sicherheit und Zweckmäßigkeit des Geräts restlos überzeugt sein.

Wem es nicht gelingt, eine Atemkrise zu überwinden, der ist für den Gasschutzdienst ungeeignet.

Oberste Pflicht des Geräteträgers sich selbst und seinen Arbeitskameraden gegenüber ist es, stets die Ruhe und Überlegung zu bewahren. Zielbewußtes und schnelles Handeln ist für den Erfolg des Einsatzes Bedingung. Geräteträger dürfen nicht allein vorgehen. Stets ist ein Trupp aus wenigstens 2, besser noch aus 3 Mann zu bilden. Tritt dann ein Unfall ein, so kann die gegenseitige Hilfeleistung sofort wirksam werden. Für den Trupp und seine Arbeit ist der Truppführer verantwortlich. Der Trupp bildet eine schlagkräftige Einheit, wenn jeder einzelne sich bedingungslos für den anderen einsetzt. Sehr leicht können vorher nicht zu übersehende Gefahren auftreten, die nur zu meistern sind, wenn sich einer auf den andern verlassen kann, besonders im Ernstfall, der unverhältnismäßig viel härtere Anforderungen stellt als jede Übung.

Für den Dienst mit Atemschutzgeräten sind nur die Besten zu gebrauchen. Gute Leistungen können nur nach guter, eingehender Ausbildung in besonders hierfür hergerichteten Übungsstrecken und durch dauernde Übungen erreicht werden. Nur die Zusammenarbeit mit den Kameraden unter Verhältnissen, die möglichst den Anforderungen des Ernstfalles entsprechen, weckt die erforderlichen Charaktereigenschaften, gibt Vertrauen zum Gerät und fördert die körperliche Durchbildung der Träger. Aus diesen Gründen ist es auch unbedingt erforderlich, daß die Übungen nach Abschluß der eigentlichen Ausbildung an Bord fortgesetzt werden.

Die Frage, die psychologisch und physiologisch noch von Wichtigkeit ist: „Ist das **Einatmen reinen Sauerstoffes** unzuträglich?" soll hier gleich mit beantwortet werden. Das Einatmen reinen Sauerstoffes ist nicht gesundheitsschädlich, mit der Einschränkung allerdings, daß der Druck nicht über 2 atü liegen darf. Es befähigt im Gegenteil — bei normalem Druck — zu gesteigerter Arbeitsleistung. Liegt der Druck jedoch über 2 atü, dann treten Zuckungen in den Gliedern und Krämpfe auf (Erfahrungen an Tauchern). Diese Erscheinungen können jedoch bei dem unter atmosphärischem Druck arbeitenden Sauerstoffgerät nicht eintreten.

Wird ein Geräteträger von einem Unfall betroffen, so ist folgendes zu beachten:

1. Der Truppführer hat sich sofort von dem einwandfreien Arbeiten des Geräts des Verunglückten zu überzeugen, und zwar sind nachstehende Hinweise von Bedeutung:

    a) Ist das Ventil der Sauerstoff-Flasche **ganz** geöffnet?

    b) Ist das Geräusch des ausströmenden Sauerstoffs hörbar?

    c) Wie groß ist der Sauerstoffvorrat?

    d) Ist die Patrone warm?

    e) Sind die Schlauchverbindungen eingeklemmt?

    f) Ist der Atembeutel gefüllt oder schlapp?

    Diese Feststellungen müssen umsichtig und schnellstens getroffen werden.

2. Ergibt sich, daß die Sauerstoff-Flasche leer ist, so besteht größte Gefahr für den Verunglückten. Er ist schnellstens an die freie Luft zu bringen. Dann wird die Maske abgenommen und umgehend Wiederbelebungsversuche durch künstliche Beatmung angestellt. Der Schiffsarzt ist sofort zu benachrichtigen. Kein Einflößen von Alkohol! Mit Erfolg kann ein anderes einwandfreies Gerät verwendet werden, um dem Verunglückten reinen Sauerstoff zuzuführen.

    Ist dagegen der Sauerstoffvorrat nicht erschöpft (Ablesen des Finimeters), das Geräusch des strömenden Sauerstoffs jedoch nicht hörbar, so ist sofort das Druckknopfventil für Sauerstoffzusatz zu betätigen und der Atembeutel aufzufüllen. Während des Abtransportes ist der Beutel nach Bedarf erneut mit Sauerstoff zu beschicken. Das Gerät darf keinesfalls abgeschnallt werden. Bleibt der Atembeutel während des Transportes gefüllt, so hat die Atmung des Verunglückten ausgesetzt. Der Rücktransport ist schnellstens durchzuführen. In frischer Luft müssen sofort Wiederbelebungsversuche angestellt werden.

3. Ist die Alkalipatrone kalt, so steht der Verunglückte unter der Einwirkung einer mit Kohlensäure überreicherten Atemluft und befindet sich in einem narkoseartigen Zustand. Das Gerät ist nicht abzuschnallen, sondern durch Betätigung des Zusatzventils ausgiebig mit Sauerstoff zu durchspülen. Nach dem Rücktransport wird sich der Verunglückte in frischer Luft bald wieder erholen.

4. Ist versehentlich beim Einsatz des Geräts vergessen, das Ventil der Sauerstoff-Flasche völlig zu öffnen, so muß dies schnellstens nachgeholt werden. Gleichzeitig muß der Abtransport einsetzen. Unter Zuführung reinen Sauerstoffs ist mit schneller Erholung zu rechnen.

Aus vorstehenden Ausführungen ist als Wichtigstes zu entnehmen, daß das Gerät einem Verunglückten in vergasten oder verqualmten Räumen niemals abgeschnallt werden darf. Ist der Tod bereits eingetreten, so ist es gleichgültig, ob das Gerät abgeschnallt wird oder nicht. Lebt dagegen der Verunglückte noch, liegt also nur ein Scheintot vor, so würde der Verunglückte durch Abnehmen des Geräts schutzlos den umgebenden Gasen ausgesetzt. Eine Rettung ist nur möglich, wenn die Gerätestörung an Ort und Stelle schleunigst beseitigt werden kann oder sonst der sofortige Abtransport an die frische Luft erfolgt.

Pflege und Prüfung der Geräte.

Mindestens ebenso wichtig wie die Kenntnis der Geräte und eine gründliche Ausbildung der Feuerschutzleute als Geräteträger ist eine peinlich zuverlässige Pflege und Prüfung der Geräte. Sauberkeit ist selbstverständliche Voraussetzung; ferner ist, je verwickelter die Geräte sind, um so mehr Sorgfalt auf die stete Betriebsbereitschaft zu legen. Nach allen Übungen sind die Geräte wieder vorschriftsmäßig mit neuen Patronen und Sauerstoff-Flaschen für den Ernstfall herzurichten. Die Kalipatronen dürfen jedoch nur eingelegt, nicht eingesetzt und angeschraubt werden. Mundstücke und Masken sind zu reinigen und zu desinfizieren. Bei Frischluftgeräten (Schlauchgeräten) ist hauptsächlich auf Dichtigkeit der Zuführungsschläuche zu achten. Masken sind ebenfalls, wenn möglich durch Reizgase, auf Dichtigkeit zu prüfen. Eine besondere Pflege erfordern naturgemäß die Kreislaufgeräte, die nach jeder Übung und nach jedem Ernstfall gründlich zu reinigen und so aufzubewahren sind, daß die empfindlichen Teile vor dem Einfluß von Feuchtigkeit und Staub geschützt sind. Am zweckmäßigsten für die Aufbewahrung der Sauerstoffgeräte ist ein besonders hergerichteter Schrank, in dem die Geräte aufgehängt werden können. Die Temperatur soll 25° möglichst nicht überschreiten, weil die Gummiteile sonst leicht brüchig werden. Bestreichen der Gummiteile mit etwas Glyzerin ist zweckmäßig. Schrauben und Ventile können mit etwas Vaselin eingefettet werden. Alle Atemluft führenden Teile sollen nach dem Gebrauch, um Grünspanbildung, die an sich für den Träger ungefährlich ist, zu vermeiden, mit lauwarmem Wasser gründlich ausgespült werden (Schlauch, Anschlußstück, Ventilkasten) und vor erneuter Herrichtung an der Luft getrocknet werden. Atmungsbeutel sind etwa alle 6 Monate auszuwaschen. Wichtig ist bei diesen Geräten eine regelmäßige Prüfung auf Dichtigkeit der Schläuche, Anschlüsse und Ventile. Hierfür sind besondere Prüfapparate erforderlich, die von den Lieferfirmen bezogen werden können. Wenn derartige Apparate nicht für jedes einzelne Schiff beschafft werden, so müssen die Prüfungen mindestens halbjährlich durch die Lieferfirmen, durch die Reedereien oder durch die Feuerwehr auf Veranlassung der Reederei vorgenommen werden.

Eine behelfsmäßige Prüfung, die den Anforderungen recht gut genügt, kann in der Weise vorgenommen werden, daß nach Dichtsetzen des Überdruckventils und des Anschlußstücks die inneren Hohlräume (Beutel, Schläuche, Kalipatrone) durch Aufdrehen des Sauerstoffventils gut gefüllt werden. Das Gerät bleibt dann mit der Füllung einige Stunden liegen, der Grad der Füllung darf dann nicht merkbar nachgelassen haben.

Die ordnungsmäßige Instandhaltung dieser Geräte ist ausschlaggebend für das gefahrlose Arbeiten der Geräteträger, für das Durchhalten der Träger im Ernstfall und damit ausschlaggebend für die Sicherheit des Schiffes und der auf ihm befindlichen Personen. Es müssen also die jedem Gerät mitgegebenen Bedienungsanweisungen auf das genaueste beachtet werden. Für die Überwachung der Geräte in hygienischer Hinsicht ist zweckmäßig ein etwa vorhandener Schiffsarzt mit heranzuziehen.

Die zu jedem Atemschutzgerät gehörenden Sicherheitsleinen, elektrischen Handlampen usw. sind in die regelmäßige Überwachung einzubeziehen.

Auf die Lagerfähigkeit der Patronen ist bereits früher hingewiesen. Die Angaben auf den Patronen sind zu beachten. **Natriumsuperoxydpatronen (Proxylenpatronen) sind höchstens ein Jahr haltbar, das gleiche gilt auch für Kohlenoxydfiltereinsätze;** die übrigen Patronen (Kalipatronen der Kreislaufgeräte) halten sich mehrere Jahre. Für den Ernstfall sind, wie bereits erwähnt, stets nur neue, ungebrauchte Patronen zu verwenden. Es empfiehlt sich aber, die Patronen in geschlossenem Zustand lose in das Gerät zu legen und die Patronen erst im Bedarfsfall nach Entfernen der Verschlüsse in das Gerät einzusetzen, um sicherzustellen, daß tatsächlich eine ungebrauchte Patrone verwendet wird.

Die stete Betriebsbereitschaft der Atemschutzgeräte ist nur dann gewährleistet, wenn ein besonderer Gerätewart bestellt und diesem die alleinige verantwortliche Pflege und Wartung aller Geräte übertragen wird. Es ist unter keinen Umständen tragbar, daß solche zum Teil hochempfindlichen Apparate, von deren einwandfreier Arbeit im Ernstfall das Schicksal von Menschenleben abhängt, monatelang unbeachtet

bleiben und nur gelegentlich der Schiffsüberwachung und Abfahrts=
manöver für kurze Zeit ans Tageslicht geholt werden.

In diesem Zusammenhang muß noch kurz der Unterbringungsort
der Atemschutzgeräte erörtert werden. Man findet sie an den ver=
schiedensten Stellen des Schiffes, in Treppenverschlägen, in Store=
räumen, Maschinenräumen, Postkammern und sogar im Kabelgatt,
d. h. in Räumen, die völlig ungeeignet sind für diese Aufgabe, weil sie
sehr leicht einem Feuer ausgesetzt sind und daher im Brandfall nicht
mehr zugänglich sind. Grundsätzlich kommen nur solche Räume für die
Aufbewahrung in Frage, für die nach menschlichem Ermessen keine oder
keine nennenswerte Feuersgefahr besteht und die gleichzeitig auch bei
einem in ihrer Nähe ausbrechendem Feuer jederzeit leicht zugänglich
bleiben. Besonders geeignet sind demnach solche Räume, die auf dem
freien Deck liegen bzw. vom Freien aus unmittelbar zugänglich sind
und keine Verbindung mit anderen Schiffsräumen haben.

9. Stunde.

1. Praktische Übungen und Anweisungen im Verpassen von
Masken und im Anlegen und Gebrauch der Geräte.

Das Anlegen der Geräte geschieht nach den gemachten Erfahrungen
am besten nach Zeiten, um sicherzustellen, daß die verschiedenen Hand=
griffe ordnungsmäßig ausgeführt werden.

Proxylengeräte: 5 Zeiten.
1. Gerät umhängen.
2. Kohlensäureflasche einschlagen.
3. Mundstück in den Mund nehmen.
4. Atembeutel füllen (mehrmals frei einatmen und durch Mund=
stück ausatmen).
5. Nasenklemme aufsetzen (wenn Patrone warm geworden).

Kreislaufgeräte: 5 Zeiten.
1. Gerät umhängen.
2. Maske aufsetzen (Dichtigkeit prüfen).
3. Sauerstoffventil öffnen.
4. Finimeter (Inhaltsanzeiger) ablesen.
5. Atemschläuche an Maske anschließen.

Wenn eine Sicherheitsleine benutzt wird, was im allgemeinen zu
empfehlen ist, dann ist diese vor dem Umhängen des Geräts umzu=
binden.

2. Einzelübungen mit Gerät im Freien (Gehen, Laufen, Steigen,
Heben von Lasten, leichte Turnübungen).

3. Praktische Anweisungen in der Pflege und Prüfung der Geräte:
         a) Auseinandernehmen,
         b) Zusammenbauen,
         c) Dichtprüfung.

10.—13. Stunde.

Feuerlöscheinrichtungen auf Seeschiffen.

10. Stunde.

Kleines Löschgerät. Erklärung der Wirkungsweise, des technischen Aufbaues und der Anwendungsgebiete der Handfeuerlöscher an Hand von Modellen, Schnittzeichnungen und verwendungsbereiten Apparaten. — Praktische Übungen in der Kontrolle und Neufüllung der Apparate.

Jedes, auch das größte Feuer ist während des Entstehens so klein, daß ein Eimer mit Wasser, eine Schaufel mit Sand oder eine Wolldecke zu seiner Bekämpfung genügen, wenn diese Löschmittel zum sofortigen Einsatz bereitstehen.

Von dieser Erkenntnis ausgehend verlangt die See-Berufsgenossenschaft, daß auf größeren Schiffen in den der Besatzung bzw. den Fahrgästen zur Verfügung stehenden Aufenthaltsräumen, ferner in Kessel- und Maschinenräumen, soweit Ölfeuerung in Frage kommt, und an verschiedenen besonders gefährdeten Stellen eine bestimmte Anzahl von geeigneten Feuerlöschapparaten eines anerkannten Systems vorhanden sind.

Der Wert eines solchen „Handfeuerlöschers" liegt also darin, in den ersten und meistens entscheidenden Minuten der Entstehung eines Feuers, solange dieses also einen bestimmten Umfang noch nicht überschritten hat, über ein zum sofortigen Einsatz ständig bereitstehendes Gerät zu verfügen, das in der Art und Wirkung seiner Löschmasse dem jeweiligen Brandherd angepaßt ist und daher bei schnellstem Einsatz einen Erfolg erwarten läßt.

Die Apparate bestehen durchweg aus einem druckfesten Behälter verschiedener Größe (etwa 1—12 Liter Inhalt), der mit einem Löschmittel (Wasser, Tetrachlorkohlenstoff, pulverisierter Kieselgur, Kohlensäure usw.) gefüllt ist und außerdem, meist abgetrennt davon, einen Treibstoff enthält, der im Bedarfsfalle bei Inbetriebsetzung des Apparates durch eine einfache Auslösung zur Wirkung gelangt und das Löschmittel durch eine düsenartige Öffnung des Behälters in Form eines Strahles, einer Pulverwolke oder eines Nebels heraustreibt.

In erster Linie sind die Apparate für den Schutz der Wohn- und Wirtschaftsräume sowie der Maschinen- und Kesselanlage bestimmt; daraus ergibt sich ihre zweckmäßige Verteilung im Schiff unter Berücksichtigung der besonders gefährdeten Punkte. Über den normalen Aufgabenbereich hinaus werden die Handfeuerlöscher aber, wie die Praxis ergibt, wegen der sofortigen Betriebsbereitschaft vielfach auch verwendet, um Entstehungsbrände in der Ladung und in den Laderäumen selbst zu bekämpfen.

Dem Handfeuerlöscher fällt die Aufgabe des ersten, meist entscheidenden Löschangriffs zu. Sein Gewicht darf daher auch nur so groß sein, daß eine einzelne Person ihn bequem tragen kann, d. h. 10 kg bis höchstens 20 kg. Die Löschleistungen der Handfeuerlöscher sind verschieden, je nach Art des Löschers. Beim Vergleich verschiedener Löscher wird man jedoch nicht die Leistung zu Grunde legen können, die genügt, um einen kleinen Entstehungsbrand abzulöschen, sondern die größtmögliche Leistung, die der durch das Gewicht gezogenen Grenze entspricht. Ein Handfeuerlöscher muß einfach in der Bedienung sein, d. h. die Handgriffe zur Inbetriebsetzung müssen nicht nur in kürzester Zeit ausführbar, sondern so einfach und verständlich sein, daß auch nicht besonders unterwiesene Personen durch wenige Stichworte der Gebrauchsanweisung sich über die Bedienung unterrichten können.

Im Gebrauch ist eine große Zahl von Löschern; eine Normung hat bisher nicht vorgenommen werden können, die Zahl der an Bord zur Verwendung gelangenden Typen ist jedoch beschränkt. Die Bedienungsweise und das Anwendungsgebiet dieser Löscher muß jedem Besatzungsmitglied genau bekannt sein. Im besonderen ist es Aufgabe des Feuerschutzmannes, in geeigneter Weise festzustellen, ob auch alle anderen Besatzungsmitglieder hierüber unterrichtet sind, er muß sie ggf. entsprechend unterweisen. Außerdem muß ihm die Wiederherrichtung benutzter Löscher zu neuem Gebrauch bekannt sein, wie denn überhaupt dem Feuerschutzmann die besondere Sorge obliegt, die ständige Betriebsbereitschaft der Handfeuerlöscher seines Schiffes zu überwachen (Aufhängung, Dichtigkeit, ob tatsächlich gefüllt, Spritzöffnungen nicht verstopft und geschützt). Löscher, die in ihrer Aufhängevorrichtung durch Einklemmen befestigt werden, sollen wegen der Möglichkeit des Herausfallens beim Schlingern nicht an längsschiffs laufenden Wänden und Schotten angebracht werden.

Die Handlöscher werden eingeteilt in Naß- und Trockenlöscher, nach der Art des Antriebs (chemische Patronen — Bildung von CO_2 Druckgas im Löscher —, Kohlensäurepatronen, Druckluft im Löscher — ohne besondere Patrone —) und nach der Art des Löschmittels. Für die nachstehende Betrachtung ist die Art des Löschmittels maßgebend.

a) **Wasserlöscher.**
1. Art. Füllung: Wasser mit gelöstem Natriumbikarbonat. Inhalt 6—10 l (an Bord meist 6 l).
   Antrieb: chemisch, Schwefelsäureglaspatrone, die durch Schlagbolzen zertrümmert wird.
   Betriebsdruck: 6—8 atü.

Spritzweite: 10—12 m; Spritzhöhe 7—8 m; Gewicht gefüllt: 9—14 kg.

2. Art. Füllung: Wasser ohne Zusatz. Antrieb: chemisch, geteilte Glaspatronen mit konzentrierter Natronlösung und Schwefelsäure. Sonst wie 1. Art.

3. Art. Füllung: Wasser ohne oder mit Zusatz. Antrieb: Kohlensäurepatrone mit Verschlußstift, der beim Aufschlagen eingedrückt wird, Inhalt der Patrone normal 75 g flüssiger Kohlensäure. Sonst wie 1. Art.

4. Art. Wie 3. Art, mit dem Unterschied, daß die Kohlensäure-Flasche durch ein Ventil geöffnet wird, daher abstellbar; sonst wie 1. Art.

5. Art. Füllung: Wasser mit gelöstem Natriumbikarbonat. Inhalt: 12 l. Antrieb: chemisch, Säure in einem nach oben zu offenen, mit Bleipfropfen verschlossenem Glasgefäß. Druckerzeugung durch Umkippen (Kipplöscher). Sonst etwa wie 1. Art.

6. Art. Füllung: Wasser ohne Zusatz. Antrieb: Preßluft, Betätigung durch Ventil.

Der Vorteil der Wasserlöscher besteht in ihrer Einfachheit und ihrer sich daraus ergebenden Betriebssicherheit, da sie nur wenige bewegliche Teile enthalten. Der Schlagbolzen bleibt auch bei älteren Löschern meist noch gangbar.

Mit Rücksicht auf die beengten Raumverhältnisse an Bord sollte als äußere Form des Apparates ein zylindrischer Behälter gewählt werden, da dieser den geringsten Platz beansprucht. Die wirksame Reichweite des Löschstrahles, mit anderen Worten der größtmögliche Abstand des Handfeuerlöschers von dem Brandherd ist für die Beurteilung der Wirksamkeit eines Apparates von besonderer Bedeutung. Auf Schiffen ist dieser Frage erhöhter Wert beizulegen, weil hier stets mit starker Rauchentwicklung gerechnet werden muß, und damit die für einen Löscherfolg wünschenswerte Annäherung an den eigentlichen Brandherd auf Schwierigkeiten stößt. Die Reichweite des Löschstrahles sollte daher, horizontal gemessen, mindestens 8 m betragen.

Weiter ist zu fordern, daß eine Spritzdauer von wenigstens 1 Minute erreicht wird. Die Wiederherrichtung nach dem Gebrauch muß schnell und in einfachster Form erfolgen können.

Nachteile dieser Wasser-Handfeuerlöscher sind das beschränkte Anwendungsgebiet (ungeeignet für Brände von elektrischen Anlagen, Ölbrände usw.), Nebenschäden durch Verwendung von Wasser und **die** (mit Ausnahme von Art 4 und 6) Nichtabstellbarkeit.

Die während der Reise auftretenden starken Temperaturschwankungen sind vielfach Anlaß für das unerwünschte „Treiben" des Löschinhaltes durch die Ausdehnung des oberhalb des Flüssigkeitsspiegels befindlichen Luftpolsters bei Temperatursteigerungen, wodurch geringe Mengen der Löschflüssigkeit aus der Spritzdüse herausgedrückt werden. Diese Erscheinung setzt den Wert des Gerätes als Löschmittel jedoch nicht nennenswert herab. Es ist selbstverständlich unzulässig, dem „Treiben" dadurch zu begegnen, daß die Düsen durch Holzteile und dergl. verstopft werden. Mit einem derart veränderten Handfeuerlöscher ist im Ernstfall natürlich kein Erfolg zu erzielen.

Naßhandfeuerlöscher eignen sich vorwiegend zur Bekämpfung von Bränden allgemeiner Art, bei denen u. U. auch mit Glutresten zu rechnen ist, und somit eine Tiefenwirkung des Löschstrahls erzielt werden muß. Einige Arten besitzen einen besonderen kurzen Gummischlauch zur besseren Handhabung. Frostsicherheit wird durch besondere Zusätze erzielt (z. B. Chlorkalium).

b) Trockenlöscher.

Im allgemeinen kommt nur eine Art in Frage, Löscher mit Natriumbikarbonat (z. T. mit besonderen Zusätzen) als Füllung und Kohlensäure, die einer Flasche mit flüssiger Kohlensäure entnommen wird, als Antriebsmittel (z. B. Total, Füllung „Totalit"; Minimax, Füllung „Troxin"). Die Betätigung erfolgt durch Öffnen des Flaschenventils; das Pulver tritt aus einer Düse (ϕ etwa 7 mm) unter Bildung einer durch die Kohlensäure stark gekühlten Staubwolke aus, Spritzdauer etwa 10—15 Sek. Die Löschwirkung erfolgt daher u. U. schlagartig. Der Inhalt an Löschpulver beträgt im allgemeinen 5 kg, das Gewicht des Löschers etwa 11—13 kg. Trockenlöscher sind ebenfalls einfach und betriebssicher; Vorteile gegenüber den Wasserlöschern sind die Nichtleitfähigkeit des Löschpulvers und die Frostsicherheit, ein Nachteil ist die nur geringe Reichweite von 3—4 m. Die einfachste Art dieser Löscher sind Schleuderlöscher ohne eigenen Antrieb. Das Aufbringen des Inhalts auf den Brandherd erfolgt von Hand aus durch einfaches Herausschleudern des Pulvers aus dem Blechgefäß oder Beutel. Da die Löschwirkung jedoch nur sehr gering ist, sollte bei der großen Gefahr jedes Schiffsbrandes von einer Verwendung dieser Art Löscher völlig abgesehen werden. Von der See-Berufsgenossenschaft werden diese Löscher daher bei Neu- oder Ersatzbeschaffungen nicht mehr zugelassen.

Trockenlöscher sind besonders geeignet zur Bekämpfung von Bränden an unter Spannung stehenden Anlagen (Kabel, Schalttafeln, Motoren), Karbid- und Flüssigkeitsbränden (Öl, Benzin, Benzol, Spiritus zc.). Eine Neufüllung auch dieser Löscher kann ebenfalls an

Bord erfolgen, wenn für die Füllung der Kohlensäureflaschen besondere große Reserveflaschen und geeignete Umfüllvorrichtungen vorhanden sind.

Bei Wasser- und Trockenlöschern kann eine Kontrolle der Betriebsbereitschaft, soweit Kohlensäure als Treibmittel benutzt wird, durch Nachwiegen der Flaschen vorgenommen werden. Angaben über Gewichte sind meist am Flaschenhals eingeprägt, Verklumpungen des Löschpulvers, die früher nicht ganz selten waren, treten heute kaum noch auf.

c) **Schaumlöscher.**

Eine besondere Bedeutung für die Brandbekämpfung an Bord haben heute wegen der Gefahr von Öl- und Benzinbränden die Schaumlöscher erlangt. Bei Spiritusbränden können sie im allgemeinen nicht benutzt werden, da Alkohol den Schaum schnell zersetzt. Im allgemeinen wird heute nur noch das Kippsystem verwendet (fast alle bekannten Herstellerfirmen). Die Schaumbildung erfolgt durch Mischen zweier Flüssigkeiten, die durch Auflösen von Chemikalien in Wasser hergestellt werden (A und B, entsprechende Anweisung liegt jeder Packung bei), unter gleichzeitiger Druckentwicklung (Kohlensäure, etwa 5 atü). Im Löschbehälter befindet sich ein Einsatz, der das Innere des Behälters in zwei Räume teilt, in denen die schaumbildenden Mittel voneinander getrennt bis zum Gebrauch aufbewahrt werden. Der Einsatz wird vielfach durch eine halbkugelförmige Glasschale lose abgeschlossen, um ein Überspritzen durch die Schiffsbewegungen im Seegang und beim Tragen zu verhindern. Die Lösungen sind aber nur beschränkt haltbar; eine Kontrolle kann in der Weise vorgenommen werden, daß man mit einem Löffel aus dem Einsatz etwa 1 Teil, aus dem äußeren Raume etwa 9 Teile Lösung in einem Glase zusammenbringt und miteinander mischt. Bilden sich hierbei wenigstens 50 Teile Schaum, so ist der Löscher noch gebrauchsfähig.

Der Inhalt der Löscher beträgt etwa 7—10 Liter, sein Gewicht 16—21 kg; die Spritzweite liegt zwischen 8—12 Metern, die Spritzhöhe zwischen 5—10 Metern; die Schaumergiebigkeit schwankt zwischen 80—150 Litern. Eine besondere Art dieser Löscher verwendet als Treibmittel Kohlensäure, die nicht erst beim Gebrauch erzeugt, sondern einer kleinen, im Innern des Löschers befindlichen mit flüssiger Kohlensäure gefüllten Flasche entnommen wird. Zum Gebrauch wird das Ventil der Kohlensäureflasche geöffnet, die Schaumbildung erfolgt durch den Druck der Kohlensäure auf die schaumbildende Flüssigkeit. Diese Löscher brauchen daher nicht gekippt werden und haben den Vorteil der Abstellbarkeit. Die Schaumlöscher können ebenfalls wie Wasserlöscher frostsicher hergestellt werden, ihr Anwendungsgebiet umfaßt das der Wasser- und Trockenlöscher. Bei elektrischen Bränden sollten sie nicht benutzt weden.

Da auch der Wasserschaden gering ist, werden sie heute in großem Umfange verwendet. Bei Bränden, die über Entstehungsbrände hinausgehen, benutzt man auch wohl große fahrbare Löscher nach dem Kippsystem mit etwa der zehnfachen Leistung der Handfeuerlöscher. Neuerdings werden auch Handschaumlöscher hergestellt, die mittels Druckluft und einer geeigneten Lösung Luftschaum erzeugen.

d) Tetralöscher.

Tetralöscher sind auf Schiffen besonders geeignet für die Bekämpfung von Bränden an elektrischen Leitungen in F.T.-Stationen und von Karbidbränden, weil Tetra einerseits elektrischer Nichtleiter ist, andererseits kein Wasser enthält, das einen Karbidbrand nur noch weiter anfachen würde. Die Füllung besteht aus 1—6 Litern Tetrachlorkohlenstoff, der durch die Druckentwicklung frei werdender flüssiger Kohlensäure ausgetrieben wird.. Das Gewicht der Löscher liegt zwischen 4—14 kg, die Spritzweiten betragen 5—8 Meter, die Spritzhöhen 4—7 Meter. Tetralöscher dürfen in allseits geschlossenen Räumen nur ausnahmsweise verwendet werden bei nicht zu großer Hitzeentwicklung und bei gesichertem Rückzug. (Reizung der Schleimhäute durch Salzsäurebildung und Gefahr von Phosgenbildung beim Aufbringen des Tetra auf glühendes Eisen). Beim Löschen von Spiritus- und Holzbränden kann gleichfalls Phosgenbildung auftreten. Das Anwendungsgebiet dieser Löscher ist daher beschränkt. Vorteile des Tetra-Löschers sind seine Frostsicherheit (bis — 35°) und Abstellbarkeit sowie der Umstand, daß „Tetra" Metalle irgendwelcher Art nicht angreift.

e) Kohlensäureschnee-Löscher.

Bei dieser Art von Löschern wird flüssige Kohlensäure als Löschmittel verwendet, die beim Gebrauch als Schnee austritt. Wegen der elektrischen Nichtleitfähigkeit des Kohlensäureschnees, der ebenfalls keine Metalle angreift, können sie mit Vorteil bei allen kleineren elektrischen Bränden, und zwar auch in geschlossenen Räumen, verwendet werden (Funkstationen, Maschinenräumen). Der Brandherd wird hierbei durch das sich aus dem Schnee bildende Kohlensäuregas bedeckt unter gleichzeitiger Abkühlung durch die hohe Verdunstungskälte (— 78°). Kleinere Flüssigkeitsbrände können ebenfalls mit diesen Löschern vorteilhaft bekämpft werden (Öle, Benzin, Benzol, Äther, Spiritus). Die Löscher sind naturgemäß frostsicher, der Schnee hinterläßt beim Verdunsten keinerlei Rückstände, daher keine Nebenschäden. Der Inhalt der Löscher an flüssiger Kohlensäure beträgt etwa 6 kg, das Gewicht etwa 24 kg, die Spritzweiten und -höhen entsprechen denen der Trockenlöscher. Auch diese Löscher werden wie Schaumlöscher für besondere Zwecke als fahrbare Großgeräte gebaut.

Bei der Bekämpfung von Bränden (Entstehungsbränden) mittels Handfeuerlöscher wird man vor allem die Eignung des Löschmittels für den in Frage kommenden Fall zu berücksichtigen haben. **Universallöscher, die für alle Zwecke gleich gut geeignet wären, gibt es nicht.** Die Art des Gerätes, ob Wasser-, Schaum-, Kohlensäure- oder Trockenlöscher ergibt sich also aus den Anforderungen, denen der Apparat in erster Linie gerecht werden soll. Grundsätzlich sollen möglichst wenig verschiedene Systeme innerhalb desselben Betriebes Verwendung finden, da sowohl die Lagerhaltung für Ersatzteile und Ersatzfüllungen sich dadurch vereinfacht und gleichzeitig auch die Inbetriebnahme der Apparate im Bedarfsfalle außerordentlich erleichtert wird.

Was die Haltbarkeit der Löscher anbelangt, so kann man wohl unter normalen Verhältnissen mit einer Lebensdauer von einigen Jahrzehnten rechnen, besonders nachdem jetzt die Innenwandungen der Behälter verbleit werden. Die Wandstärken betragen über 1 mm, Böden bis 2 mm. Die Füllungen der Wasser-, Trocken-, Tetra- und Kohlensäurelöscher halten sich unbegrenzt, bei Tetra besteht allerdings die Möglichkeit der Bildung von Salzsäure durch Wasseraufnahme (Tetralöscher dürfen daher vor einer Neufüllung nicht mit Wasser ausgespült werden), wodurch Wandungen und Armaturen angefressen werden können. Bei Kohlensäurelöschern und bei Druckluftlöschern sowie bei den Löschern, die Kohlensäure als Treibmittel verwenden, besteht die Gefahr des unbemerkten Entweichens von Kohlensäure (Kontrolle durch Nachwiegen!) Die Füllungen der Schaumlöscher halten sich nach den Erfahrungen mit Sicherheit nicht länger als 1 bis 2 Jahre. Aus diesem Grunde erscheint es angebracht, die Schaumlöscher im Laufe eines Jahres turnusgemäß bei Feuerschutzübungen zu benutzen und sie danach neu zu füllen. Ein wirtschaftlicher Vorteil wird also bei Nichtgebrauch nicht erzielt, dagegen entsteht eine große Unsicherheit hinsichtlich der Betriebsbereitschaft.

Am einfachsten sind die mit einer Patrone betriebenen Wasserlöscher, da sie nur einen beweglichen Teil, den Schlagbolzen, enthalten; weniger einfach sind die mit Druckluft betriebenen, weil hier ein besonderes Ventil vorhanden sein muß. Auch die Kipp-Schaumlöscher sind als einfach anzusehen; hier liegt jedoch die Gefahr vor, daß sich beim Tragen die Lösungen vorzeitig mischen. Komplizierter sind dagegen die Löscher, die flüssige Kohlensäure als Treibmittel verwenden, wegen der besonderen Vorkehrungen, die der Anschluß der Flaschen erfordert.

In der Nachfüllung sind die Apparate am einfachsten, die mit reinem Wasser gefüllt sind und bei denen in getrennten Patronen Natronlösung und Säure aufbewahrt werden. Bei diesen Löschern muß aber bei der Nachfüllung vor allem darauf geachtet werden, daß die vorgeschriebene Flüssigkeitsmenge genau innegehalten wird, da sonst bei zu kleinem Luftraum beim Gebrauch eine unzulässige Drucksteigerung eintreten kann (Platzen des Geräts!); bei zu großem Luftraum genügt unter Umständen die Menge des Druckgases bzw. der Druckluft nicht, um die gesamte Löschflüssigkeit restlos auszutreiben.

Eine weitere Bedingung, der eine große Anzahl der heute vorhandenen Feuerlöscher nicht genügt, liegt in der Möglichkeit, den Löschstrahl nach allen Richtungen also auch senkrecht nach unten lenken zu können. Da besonders die Schiffsverhältnisse eine derartige Verwendungsmöglichkeit der Feuerlöscher bedingen und außerdem konstruktive Schwierigkeiten der Erfüllung dieser Forderung nicht entgegenstehen, sollte jeder Schiffsapparat mit entsprechenden Einrichtungen versehen sein.

Unbedingte Betriebssicherheit all dieser Geräte ist nur durch regelmäßige Nachprüfung zu erreichen. Daher sollten sie alljährlich ein Mal in der Werkstatt durch einen anerkannten Fachmann untersucht werden.

11. Stunde.

Praktische Übungen mit Handfeuerlöschern im Ablöschen von Entstehungsbränden.

12. und 13. Stunde.

Schweres Löschgerät.

a) Wasserlöscheinrichtungen.

Die Wasserlöscheinrichtungen an Bord bestehen aus den das Löschwasser fördernden Pumpen, den Leitungen mit Anschlüssen, den Schläuchen und den Strahlrohren.

Auf Dampfschiffen werden die Pumpen meist noch mit Dampf, auf Fahrgastschiffen auch elektrisch, auf Motorschiffen fast nur elektrisch angetrieben.

Auf älteren Schiffen sind vielfach Kolbenpumpen, auf neueren fast ausschließlich Kreiselpumpen eingebaut. Über die Leistungsfähigkeit der Pumpen sind in den Unfallverhütungsvorschriften der See-Berufsgenossenschaft besondere Bestimmungen aufgestellt (siehe auch „Richtlinien" im Anhang).

Zur Erzeugung eines kräftigen Strahles ist ein Mündungsdurchmesser von mindestens 18 mm erforderlich, wobei gleichzeitig ein Druck, am Austritt des Strahles gemessen, von ca. 2,5 kg/cm^2 vorhanden sein muß, bzw. bei 12 mm Durchmesser von 3,5 kg/cm^2. Die Druckhöhe am Strahlrohr ist abhängig von dem Widerstand in den Rohrleitungen. Besonders bei großen Schiffen ergeben sich durch ungünstig verlegte Leitungen und durch Inkrustation starke Druckverluste. Um den verlangten Mündungsdruck von 2,5 kg/cm^2 atü zu erreichen, ist erfahrungsgemäß ein Pumpendruck von ungefähr 5,0—7,5 kg/cm^2 erforderlich.

Bei kleinen Dampfern wird man meist nur mit einer wesentlich geringeren Pumpenleistung rechnen können. 200 l/min. sollte aber auch für kleine Seeschiffe die geringste zulässige Fördermenge bilden. Auf großen Fahrgastschiffen stehen nicht selten Pumpenleistungen von 5000 l und mehr zur Verfügung.

Die Leitungen bestehen aus eisernen, aus Gründen der Korrosionsminderung innen meistens verbleiten oder verzinkten Rohren. Auf neueren Schiffen werden vielfach Ringleitungen verlegt, d. h. von der Pumpe aus fließt das Wasser einem Löschstutzen von 2 Seiten zu. Dadurch ermöglicht die Ringleitung gegenüber einfachen Endwasserleitungen eine um etwa 100 v. H. erhöhte Wasserentnahme.

Die Hauptleitungen haben einen äußeren Durchmesser von 100 bis 175 mm, Zweigleitungen gehen bis auf 75 und 52 mm herunter.

Frei an Deck liegende Rohrleitungen sind mit Entwässerungsvorrichtungen versehen, um die Leitungen bei Frostgefahr entwässern zu können.

Die Durchmesser der Feuerlöschschläuche sind im deutschen Reich genormt. Die Feuerwehren verwenden nur noch 2 Arten und zwar
1. 75 mm Schläuche
2. 52 mm Schläuche.

Der 75 mm Schlauch dient als „Zubringer" und hat damit die Aufgabe, die den Feuerlöschrohrleitungen des Schiffes zukommt. Der 52 mm Schlauch dient der Feuerwehr zur eigentlichen Brandbekämpfung. Auch die Schiffahrt wird sich bei Neubauten ausschließlich und im übrigen im Lauf einiger Jahre auf diesen Schlauchdurchmesser einstellen, vor allem auch mit Rücksicht auf die Forderungen des Luftschutzes.

Die Schläuche werden aus Hanf, Flachs oder Ramie hergestellt. Bei der Benutzung quellen die Hanf- und Ramiegewebe durch Wasseraufnahme und dichten dadurch den Schlauch ab. Auf Fahrgastschiffen werden überwiegend innen gummierte Schläuche verwendet, da sie völlig dicht sind. Gummischläuche finden ebenfalls Verwendung, auf größeren Schiffen indes vorwiegend nur als Deckwaschschläuche, auf kleineren Schiffen auch als Feuerschläuche.

Die Schläuche gehören zu den empfindlichsten Einrichtungen der Brandbekämpfung. Sie bestehen durchweg aus einer äußeren Hülle aus Pflanzenfasern, die zur Aufnahme des inneren Wasserdrucks bestimmt ist. Die Wasserdichtigkeit wird durch eine innen liegende Gummierung des Schlauchgewebes erzielt.

Schläuche sind stets, d. h. auch während der Brandbekämpfung sorgfältig zu behandeln. Man vermeidet dadurch das Platzen der Schläuche mit seinen schwerwiegenden und nicht selten für die Brandentwicklung ausschlaggebenden Folgen.

Jedes Aufschlagen und Ziehen der Schläuche über den Boden ist zu vermeiden. Unter keinen Umständen dürfen sie über scharfkantige Gegenstände verlegt werden. Hierzu gehören der oberste Plattengang der Außenhaut, die Lukensülle, die Grätinge und dergl. In solchen Fällen ist eine weiche Unterlage aus abgerundetem Holz, aus gebündelten Säcken und Persenningen vorzusehen. Daß Glassplitter die Lebensdauer der Schläuche herabsetzen, bedarf keiner näheren Begründung. In Treppenhäusern sind die Schläuche stets an den Seiten auszulegen, damit ein freier Mittelgang für die Benutzung der Treppe zur Verfügung steht. Durch zweckmäßiges Verlegen sind scharfe Knicks in den Leitungen zu vermeiden. Beim Auffüllen der Schläuche mit Wasser sind die Ventile langsam zu öffnen, ebenso auch beim Abschalten einzelner Schlauchleitungen. Andernfalls können durch die Wasserschläge Drucksteigerungen auftreten, denen das Schlauchmaterial nicht standhalten kann.

Bei großer Kälte ist besondere Sorgfalt notwendig. Solange das Wasser durch die Schläuche fließt, besteht kaum eine Gefahr, daher sind die Stahlrohre bzw. die Ventile nicht völlig zu schließen. Bei ruhender Wassersäule sind die Schläuche in wenigen Augenblicken steinhart durchgefroren, in diesem Zustand brechen sie wie Glasstangen. Ist trotz aller Vorsicht ein Schlauch eingefroren, so müssen die Kupplungen durch Übergießen mit heißem Wasser aufgetaut und gelöst werden. Dann sind die Schläuche in ganzer Länge und ohne ihre äußere Form zu ändern in warme Räume zu tragen, wo das Auftauen von selbst eintritt. Dieser Vorgang darf niemals durch Einsatz besonderer Wärmequellen, z. B. Schneidbrenner und dergl. beschleunigt werden.

Nach dem Gebrauch sind die Schlauchleitungen sofort zu waschen. Bei gummierten Schläuchen kann die Reinigung bis zu 4 Tagen hinausgeschoben werden, aber auch nur dann, wenn das Gewebe nicht durch Mineralöle, Säuren oder Laugen verunreinigt ist. Solche Stellen sind sofort durch Waschen mit heißem Seifenwasser und Besen und anschließendem Nachspülen mit kaltem Wasser zu beseitigen.

Sind die Schläuche gründlich von allen anhaftenden Schmutzteilen gesäubert, so folgt das Trocknen. Hierfür werden sie zweckmäßig in ganzer Länge an einem Ende freihängend im Schatten so untergebracht, daß die Luft von allen Seiten ungehindert Zutritt hat. Andernfalls werden sie in der Mitte so aufgelagert, daß beide Enden frei herabhängen. Auch hierbei führen scharfe Knicks zum Brechen des Schlauchgewebes. Die Aufhängestelle ist daher durch abgerundetes Holz oder dergl. zu unterstützen.

Bei trockenem Sommerwetter sind die Schläuche nach 3 bis 4 Tagen trocken. Im Winter dauert dieser Vorgang erheblich länger.

Schläuche sollten alljährlich wenigstens 1 mal unter Druck gesetzt werden. Dabei sich herausstellende Fehler, wie Spritzstellen, Löcher und dergl. sind in der Werkstatt zu beheben.

Die Schläuche werden doppelt gerollt und vielfach auf Schlauchtrommeln untergebracht. An dem einen Ende muß das Strahlrohr fest angekuppelt sein, das andere Ende hängt lose herab, man sollte es nicht an einen Wasserstutzen fest anschließen, weil dann die Dichtigkeit des Ventils nicht mehr einwandfrei überprüft werden kann. Durch zweckmäßige Anordnung der Kupplung des Wasserstutzens ist dafür zu sorgen, daß das Anschließen des Schlauches an die Wasserleitung ohne Zeitverlust erfolgen kann. Die normale Schlauchlänge beträgt 15 m, längere Schläuche sollen nicht verwendet werden, weil dann das Auslegen der Schläuche gerade in den beengten Schiffsräumen Schwierigkeiten macht.

Die Verbindung der Schläuche untereinander und mit den Stutzen der Feuerlöschleitung erfolgt heute wohl ausschließlich durch Storzkupplungen. Sind vereinzelt noch Verschraubungen vorhanden, so sollten sie baldmöglichst durch Storzanschlüsse ersetzt werden.

Die Befestigung der Schläuche an den Kupplungen geschieht am zweckmäßigsten durch Einbinden mit Kupferdraht. Taubändsel werden beim Gebrauch leicht lose, so daß unter Umständen der Schlauch beim Gebrauch abspringt. Werden Schellen verwendet, so müssen diese genügend kräftig sein.

Die Strahlrohre bestehen aus Metall (Messing), neuerdings auch aus Leichtmetall (Aluminiumlegierungen). Sie haben die Aufgabe, das Löschwasser in einem geformten und richtbaren Strahl austreten zu lassen, was durch die Form der Bohrung und Austrittsöffnung erzielt wird.

Die Form des Löschstrahls ist außerdem abhängig von der Geschwindigkeit des Wassers in der Rohrleitung und damit vom Pumpendruck. Das Wasser fließt mit steigendem Pumpendruck schneller durch die Leitungen. Gleichzeitig wächst dabei die Wassermenge, die in der Zeiteinheit der Wasserleitung oder dem Strahlrohr entnommen werden kann. Pumpenleistung und Mündungsdurchmesser des Strahlrohres stehen also wechselseitig miteinander in Verbindung.

Mit den gebräuchlichen Strahlrohren werden bei dem üblichen Pumpendruck Wurfleistungen von 20—30 Metern erzielt. Die hierbei durchtretende Wassermenge beträgt etwa 150 (bei 12 mm ϕ) und 350 Liter pro Minute (bei 18 mm ϕ), die stündliche Leistung demnach etwa 9 bzw. 21 Tonnen Wasser. Wird der Strahlrohrquerschnitt vergrößert, so nimmt der Mündungsdruck und damit auch die Wurfweite ab. Die obere Grenze des Wasserdurchtritts wird erreicht, wenn das Löschwasser unter Verzicht auf jedes Strahlrohr unmittelbar dem Schlauch entströmt.

Bei Schiffsbränden ist dies mit Vorteil dann anwendbar, wenn es sich darum handelt, einen Raum in kürzester Zeit unter Wasser zu setzen, also zu fluten. Das Löschwasser kann in diesem Fall durch

Schläuche direkt dem Raum zugeführt werden, weil Druck und Wurfweite nicht benötigt werden, sondern lediglich die minutlich geförderte Wassermenge von Bedeutung ist.

Die Wasserentnahme aus dem freien Schlauchquerschnitt ist also mit einer fast vollkommenen Umwandlung des Wasserdrucks in Strömungsgeschwindigkeit verbunden. Die Wassermenge erreicht unter diesen Verhältnissen einen Höchstwert, wenigstens soweit es sich um Kreiselpumpen handelt. Bei Kolbenpumpen ist es zur Erzielung einer gleichmäßigen Pumparbeit in jedem Fall zweckmäßiger, auf den freien Auslaufquerschnitt zu verzichten und durch Aufsetzen eines Strahlrohres, wenn auch mit größtem Mündungsquerschnitt für einen geringen Gegendruck zu sorgen.

Der Wasserstrahl soll möglichst lange seine geschlossene Form behalten, da einzelne vom Rand sich ablösende Wasserteilchen für die Löschwirkung verloren gehen. Für den Zusammenhalt des Strahles ist die Form des Mundstückes entscheidend. Gute Mundstücke gehen nach konischem Verlauf allmählich in eine zylindrische Bohrung über und sind im Innern völlig glatt. Die geringste Unebenheit innerhalb der Mündung, vor allem aber jede Beschädigung des Mundstückes im Austrittsquerschnitt führt zu einem unregelmäßigen, sich auflösenden Löschstrahl.

Vielfach sind heute auch Mundstücke mit veränderlicher Austrittsöffnung (Sprühstrahldüsen) im Gebrauch, die es gestatten, den geschlossenen Strahl in einen mehr oder weniger kegelförmigen Schleier- und Sprühstrahl oder in einen Wasserschleier neben dem einfachen Strahl durch Verstellen eines vor der Austrittsöffnung befindlichen Kegels zu ändern. Derartige Strahlrohre haben sich außerordentlich bewährt bei dem Niederschlagen von Gasen und Rauch beim Vorgehen in Gängen, so daß man sie zur Verdrängung des Rauches und als Schutz gegen strahlende Hitze einsetzen kann. Außerdem wird die Gefahr von Staubexplosionen beträchtlich vermindert.

In letzter Zeit sind Sprühstrahlrohre bei der Bekämpfung von Ölbränden mit gutem Erfolg verwendet. Die Löschwirkung beruht darauf, daß der Wasserschleier den Zutritt von Frischluft verhindert und die Öloberfläche unter den Flammpunkt abkühlt. Dadurch hört die Neubildung entflammbarer Öldämpfe auf. Aus dieser Erklärung folgt, daß ein Löscherfolg nur bei schweren Mineralölen zu erwarten ist. Bei Benzin liegt der Flammpunkt so niedrig, daß durch Sprühstrahleinsatz niemals eine Abkühlung unterhalb der Flammpunktgrenze möglich ist.

Sprinkleranlagen.

Sprinkleranlagen bestehen aus einem Wasserleitungsnetz, das unmittelbar an die Pumpanlagen angeschlossen und ständig mit Wasser gefüllt ist. In den zu schützenden Räumen sind unter Deck Brausen angebracht, die durch einen beim Ausbruch eines Brandes schmelzenden Verschluß geöffnet werden. Das Auslösen einer Brause betätigt vielfach ein besonderes Alarmsignal. Auf deutschen Schiffen werden Sprinkleranlagen nicht mehr verwendet (vor dem Kriege auf „Imperator" und „Vaterland" für Besatzungswohnräume, Post- und Gepäckräume usw.), da sie eine ganze Reihe von Nachteilen besitzen (große Wasserschäden, Gefahr des Einfrierens, Undichtigkeiten des Druckwasserrohrnetzes, von der Maschinenanlage abhängige Kraftquelle). Eine Abart der Sprinkleranlagen sind sogen. Regenwandanlagen, die neuerdings für die Berieselung von Schotten bei Laderaumbränden in Vorschlag gebracht sind. Auf Land werden Sprinkleranlagen sowie Regenwasseranlagen besonders in Amerika und England des öfteren verwendet. Auch die „Normandie" besitzt neben anderen Feuerlöscheinrichtungen eine Sprinkleranlage.

Schaumfeuerlöschanlagen.

Obgleich die Eignung des Schaumes als Löschmittel bereits seit Jahrzehnten bekannt ist, konnte sich dieses Verfahren erst durchsetzen, nachdem die starke Zunahme des Mineralölverkehrs während der letzten Jahre und die dadurch bedingte erhöhte Feuergefahr den Anstoß zur Wiederaufnahme früherer Versuche gab und hieraus Anlagen entwickelt wurden, die, den praktischen Anforderungen entsprechend, selbst unter ungünstigen Verhältnissen die Erzeugung der erforderlichen Schaummengen ermöglichen.

Zur Erzeugung des Schaumes werden tragbare Schaummörser mit beweglichen Wasser- und Schaumschläuchen, Schaumakkumulatoren und -generatoren mit meistens fest eingebauten Leitungen und anschließbaren Schaumschläuchen und endlich besondere Schaumpumpen oder Strahlrohre (sog. Kometrohre) verwendet. Für die Schaumbildung kommt heute bei den Schaum-Mörsern-Akkumulatoren und -Generatoren (chemisches Schaumverfahren) ein „Einheitspulver", bei den Schaumpumpen und Kometstrahlrohren (Luftschaumverfahren) eine besondere Flüssigkeit zur Anwendung.

Die Erzeugung des chemischen Schaumes beruht im wesentlichen darauf, aus Karbonaten und Bikarbonaten durch Zusatz von sauren Salzen geringer Azidität, wie z. B. Aluminiumsulfat, das Kohlensäuregas zu befreien. Unter dem Einfluß von Wasser und sogenannten Schaumbildnern (Eiweißstoffe, Saponine, Glukoside usw.) wird jedes einzelne der freiwerdenden Gasbläschen mit einer fest haftenden Wasserhülle umgeben, die das Entweichen des Gases verhindert; dabei wird durch Nebeneinanderlegung der zahllosen Gasbläschen die Auflockerung des Wassers zu einer chemisch neutralen, voluminösen Masse bewirkt, die in dieser Form als Löschschaum zu bezeichnen ist.

Je nach der Art der Schaumerzeugung, ob die verschiedenen Grundstoffe getrennt in wässeriger Lösung vorrätig gehalten und im Bedarfsfalle gemischt werden, oder ob sämtliche Chemikalien zusammen in Form eines trockenen Pulvers lagern und nur durch Zusatz von Wasser den Löschschaum bilden, unterscheidet man das sogenannte „nasse" und „trockene" Verfahren.

Das „Naß"-Verfahren arbeitet mit zwei getrennten wässerigen Lösungen; die eine enthält Bikarbonat und Schaumbildner, in der anderen befindet sich die sauer reagierende Komponente. Die Mischung der beiden Lösungen ergibt eine sofortige Schaumbildung.

Das „Einheitspulver" des „Trocken"-Verfahrens, welches alle zur Schaumerzeugung erforderlichen Substanzen enthält, wird im Bedarfsfalle durch Wasserstrahl-Ejektoren angesaugt und unter einem mittleren Druck von etwa 2—4 kg/cm² in einer oder mehreren Schlauchleitungen als löschfähiger Schaum der Brandstelle zugeführt.

Entsprechend den Vorschriften des Schiffssicherheitsvertrages sind sämtliche Fahrgastschiffe mit ölbeheizten Kesseln und sinngemäß auch solche mit Motorantrieb mit stationären Schaumfeuerlöschanlagen für den Maschinenraum auszurüsten. Die Entscheidung der Frage, welches System, ob Naß- oder Trockenanlage einzubauen ist, bleibt dem Reeder überlassen; Naßanlagen sind nur in den Fällen vorzuziehen, in denen ausgedehnte Schaumdruckleitungen (von etwa 400 m Länge und darüber) verlegt werden müssen. Da der Schaum als solcher wegen seiner Zähigkeit sich nicht auf derart große Entfernungen durch ein weit verzweigtes Rohrnetz drücken läßt, ist hier das Naßverfahren zu empfehlen, da bei ihm die wässerigen Einzellösungen über beliebige Entfernungen durch Rohrleitungen transportiert werden können, um sich erst an der Stelle, an welcher der Schaum benötigt wird, zu vereinigen. Da auf Schiffen stets nur kürzere Entfernungen zurückzulegen sind, ist das chemische Trocken- oder das Luftschaumverfahren vorzuziehen. In der Schiffahrt wird überwiegend die Erzeugung chemischen Löschschaumes unter Einsatz von Generatoren bevorzugt. Erst in letzter Zeit hat auch das Luftschaumverfahren bemerkenswerte Verbreitung auf Schiffen gefunden.

Ein Schaumgenerator für chemischen Schaum besteht im Prinzip aus einer Wasserstrahlpumpe, die in eine Schlauch- oder Rohrleitung eingeschaltet wird und einer geeigneten Vorrichtung (Trichter), um das Pulver der Pumpe zuzuführen. Durch die Bewegungsenergie des strömenden Wassers wird das Pulver mitgerissen und in der abgehenden Leitung unter gleichzeitiger Schaumbildung gelöst. Die Zuführung des Pulvers erfolgt von Hand nach Bedarf oder auch (bei Landanlagen) selbsttätig fortlaufend aus besonderen Pulversilos. Um eine möglichst vollkommene Schaumbildung zu erzielen, muß die schaumführende Leitung zwischen Generator und Strahlrohr eine genügende Länge besitzen (mindestens 30 m). Das für den Betrieb der Generatoren erforderliche Druckwasser wird der allgemeinen Wasserleitung entnommen, der günstigste Betriebsdruck liegt zwischen 3 und 7 at, die Leistung beträgt je nach Größe des Gerätes 3000—7000 Liter Schaum pro Minute.

Sind solche Anlagen lediglich zum Schutz von Maschinen- und Kesselräumen vorgesehen, so ist bei der Aufstellung des Generators zu beachten, daß er auch im Fall eines Brandes in Betrieb gesetzt werden kann. Für den wirksamen Löscheinsatz hat sich die Durchführung nachfolgender Richtlinien als zweckmäßig erwiesen:

1. Die Aufstellung des Schaumerzeugers im Wellentunnel bietet auch im Fall eines Maschinenraumbrandes Gewähr für seine Betriebsfähigkeit.
2. Der Abstand vom Maschinenraumschott soll etwa 6—8 m betragen.
3. Die Anlage ist, um eine sofortige Inbetriebnahme zu gewährleisten, mit einem festen Wasseranschluß zu versehen.
4. Zur Abführung des Löschschaumes ist eine stationäre Rohrleitung vom Erzeuger bis zur Tankdecke des Maschinenraums zu verlegen.
5. Um bei einem Bilgenbrand den Löschangriff auch unter Verwendung von Schläuchen und Strahlrohren durchführen zu können, ist am Erzeuger eine weitere Schaumentnahmestelle vorzusehen.
6. Stationäre über den gesamten Bereich der Tankdecke verlegte und an den Schaumerzeuger angeschlossene Schaum-Rohrleitungen sind erforderlich, wenn die zu schützende Fläche ein Ausmaß von 130—150 qm überschreitet.

Im Gegensatz zu diesen Richtlinien ist es bei großen Schiffen, bei denen mehrere Maschinen- bzw. Kesselräume vorhanden sind, richtiger, in jeder der durch wasserdichte Schotte voneinander getrennten Abteilungen ein Schaumerzeugungsgerät so aufzustellen, daß es jederzeit zur Bekämpfung eines Brandes in der Nachbarabteilung eingesetzt werden kann.

Das benötigte Schaumpulver wird in plombierten, luftdicht verschlossenen Blechdosen von 15 kg Inhalt untergebracht, mit denen etwa je 1000 Liter Schaum erzeugt werden können. Das Pulver ist bei Aufbewahrung in trockenen Räumen jahrelang haltbar.

Während bei den bisherigen Betrachtungen der Verwendungsbereich der Schaumanlage sich auf die Maschinen- und Kesselräume beschränkte, ist nachfolgend ein Sonderfall zu behandeln, bei dem es sich um die Heranziehung der Schaumlöschanlage zu weiteren Aufgaben handelt und zwar zur Bekämpfung von Laderaumbränden. Im allgemeinen sind derartige Anforderungen nur bei Tankschiffen zu erwarten. Auf diesen Schiffen ist der Schaumerzeuger stets auf dem freien Deck an gesicherter Stelle einzubauen. Diese Forderung ergibt sich ohne weiteres aus der Tatsache, daß auf Tankschiffen infolge der meist hinten liegenden Maschine durchweg auf die Anordnung eines Wellentunnels verzichtet wird. Selbst wenn in wenigen Fällen ein Wellentunnel zur Verfügung steht, so ist die Aufstellung des Schaumerzeugers an dieser Stelle ungeeignet, da der Schaum bei Ladungsbränden, abgesehen von den durch die umfangreichen Rohrleitungen entstehenden Reibungsverlusten, stets eine statische Druckhöhe von 10—15 m zu überwinden hätte, die in dieser Größenordnung bereits eine Herabsetzung der Güte des erzeugten Löschschaumes bedingt.

Vom Erzeuger aus fließt der Schaum in ein Hauptsammelrohr und von hier aus durch fest verlegte Rohrleitungen entweder in den Maschinen- bzw. Kesselraum oder in einen oder mehrere Ladungstanks. Der Schaumaustritt innerhalb der Ladungstanks sollte zur Vermeidung einer den Schaum teilweise zerstörenden Fallhöhe dicht oberhalb des Ölspiegels erfolgen.

Abweichend von dem Generatorverfahren wird bei den Luftschaumpumpen das für den Betrieb der Pumpe benötigte Druckwasser nicht der allgemeinen Leitung entnommen, sondern durch eine elektrisch oder durch einen Benzinmotor angetriebene Pumpe mit einer eigenen Saugleitung erzeugt. Die Pumpe saugt gleichzeitig Wasser, Luft und den flüssigen Schaumbildner an und drückt den entstehenden Schaum in die Schaumleitung, die bei den neuesten Bordanlagen („Scharnhorst" und „Gneisenau") selbständig neben der Wasserleitung im Schiff verlegt und mit eigenen Anschlüssen für die Schaumschläuche versehen ist. Die Leistungen der Luftschaumpumpen betragen ebenfalls mehrere tausend Liter je Minute. Als Schaumschläuche werden bei beiden Arten der Schaumerzeugung innen gummierte Hanfschläuche von 75 mm Durchmesser verwendet, die erzielte Wurfweite beträgt je nach Wasserdruck 15—30 m. Neben den Strahlrohren werden vielfach auch 3—6 m lange „Gießrohre" verwendet und zwar in solchen Fällen, in denen auf Wurfweite verzichtet werden kann und Wert darauf gelegt werden muß, den Schaum in ruhigem Fluß auf die Öloberfläche gleiten zu lassen.

Für die Aufstellung der Schaumpumpe, für die Verteilung des Löschschaumes und die Verlegung der Rohrleitungen gelten unverändert die bei dem Generatorverfahren ausführlich dargestellten Bedingungen.

Bei den an Bord ebenfalls zur Verwendung gelangenden „Komet"-Strahlrohren wird der Schaum nicht durch einen besonderen Generator bzw. eine Schaumpumpe sondern im Strahlrohr selbst erzeugt. Die Leistungen dieser Strahlrohre sind beträchtlich höher als bei Generatoren und betragen 5, 10 und sogar bis zu 30 m^3 Schaum pro Minute. Diese Feststellung kann, besonders wenn es sich um die Ablöschung großer Ölflächen handelt, von entscheidender Bedeutung für die Wirksamkeit und den Löscherfolg eines Einsatzes von Schaum sein. Es werden Wurfweiten von 30 Metern erzielt. Ein Vorzug des „Komet"-Verfahrens liegt in dem einfachen Betrieb. Leider war der „Komet"-Luftschaum bis vor kurzem von grobporiger Beschaffenheit und dadurch weniger beständig und löschkräftig als der sahnenartige Generatorschaum. Ein weiterer Nachteil lag darin, daß ein sehr hoher Wasserdruck zur Verfügung stehen mußte, so daß vielfach der Einbau besonderer Pumpen und Wasserleitungen erforderlich war. Diese Nachteile sind bei neuzeitlichen Anlagen fast völlig behoben.

Bei den neuesten Luftschaumanlagen, die bereits auf einigen Tankern eingebaut sind, wird die für die Schaumbildung benötigte Luft nicht angesaugt, sondern Stahlflaschen entnommen, die mit Preßluft unter 30 atü gefüllt sind. Der außerordentliche Vorteil dieser Anlagen besteht darin, daß sie vollständig unabhängig von den maschinellen Anlagen des Schiffes (Pumpen usw.) sind. Das benötigte Wasser kann — ohne Pumpen — unmittelbar einem besonderen Tank entnommen werden. Die für den Betrieb erforderliche Energie liefert die Preßluft. Die Inbetriebsetzung erfolgt lediglich durch Betätigen eines Manövrierhahns. Bei 15 facher Verschäumung (1 Liter Wasser = 15 Liter Schaum) wird etwa 0,7 kg Schaumbildner je cbm Schaum benötigt. Der Betrieb kann für etwa 1½ Stunden aufrechterhalten werden.

Dampffeuerlöschanlagen.

Dampffeuerlöschanlagen bestehen aus einem Dampferzeuger (auf Dampfern der bzw. die Hauptkessel, auf Motorschiffen ein besonderer, vielfach auch für andere Aufgaben verwendeter Hilfskessel), von dem aus absperrbare Verbindungsleitungen in alle in Frage kommenden Räume führen. Im allgemeinen werden nur die Laderäume an die Dampffeuerlöschleitung angeschlossen, die Kesselräume nur dann, wenn Ölfeuerung vorhanden ist.

Die Austrittsöffnungen befinden sich in der Nähe der Decks (nicht unter Deck), und zwar im Vorschiff an der Hinterkante, im Hinterschiff an der Vorkante der Räume. In Kesselräumen liegen die Austrittsöffnungen unter den Kesseln zwischen den Bodenwrangen.

Der Leitungsdurchmesser beträgt etwa 30 mm.

Clayton-Gas-Feuerlöschanlagen.

Diese Einrichtungen gelangen heute nicht mehr zum Einbau. Es braucht daher hierüber auch nichts besonderes gesagt zu werden (vergl. Abschnitt „Gase und Dämpfe als Löschmittel").

Kohlensäurefeuerlöschanlagen.

Die Kohlensäurefeuerlöschanlagen bestehen aus einer Anzahl von flüssige Kohlensäure enthaltenden Stahlflaschen, von denen nach den gegen Feuer zu schützenden Räumen feste Leitungen mit Austrittsöffnungen an den Enden verlegt sind. Die Flaschen müssen in einem besonderen Raum untergebracht sein, der jederzeit d. h. auch in einem Brandfalle leicht zugänglich sein muß. Die Flaschen werden je nach

Bedarf zu Batterien vereinigt und können dann gemeinsam abgeblasen werden. Die Gesamtzahl der Flaschen muß so bemessen sein, daß die Menge der sich aus der flüssigen Kohlensäure bildenden gasförmigen Kohlensäure genügt, um den größten zusammenhängenden Laderaum zu 30 v. H. des Bruttoinhalts füllen zu können. Da der Inhalt einer Flasche 30 kg an flüssiger Kohlensäure beträgt, die beim Übergang in den gasförmigen Zustand einen Raum von 13,5 cbm einnehmen (1 kg flüssiger Kohlensäure entspricht etwa 450 Liter gasförmiger Kohlensäure), so müssen bei einem Laderaum von 2000 cbm 45 Flaschen vorhanden sein, oder m. a. W.: 1 Flasche Kohlensäure genügt für 45 cbm Laderaum. Eine gleiche Anzahl Flaschen wird meistens als Reserve mitgeführt, so daß z. B. heute auf einem großen Frachtmotorschiff 2 × 50 Flaschen vorhanden sind. Die Flaschen wiegen gefüllt etwa 100 kg, eine Kontrolle des Inhalts erfolgt durch Nachwiegen. Die flüssige Kohlensäure strömt unter einem Druck von etwa 20 atü aus, der sich bis zur Austrittsöffnung um 5—10 atü verringert, die Flaschen selbst stehen unter einem Druck von — je nach Temperatur — 40—60 atü. Der Durchmesser der Hauptleitungen beträgt etwa 19 mm ($^3/_4''$), der Zweigleitungen etwa 13 mm ($^1/_2''$).

Kohlensäurefeuerlöschanlagen sind besonders geeignet für den Feuerschutz von Maschinen- und Kesselräumen, sowie von Laderäumen, im übrigen für den Schutz solcher Räume, die, wie Proviant- und Kühlräume, Vorratsräume, Kabelgatts, Gepäck- und Posträume, nicht einer ständigen Kontrolle, vor allem nachts, unterliegen. Bei der Anwendung dieses Verfahrens ist zu beachten, daß der Einsatz, um eine möglichst schnelle Wirkung zu erzielen, schlagartig erfolgen, und daß ein brennender Raum u. U. tagelang unter Kohlensäure stehen bleiben muß. Die heutigen Anlagen sind, was bereits früher erwähnt wurde, meistens mit einer Rauchmeldeanlage vereinigt. Aus diesem Grunde sind die Austrittsöffnungen auch unter Deck — gewöhnlich in Raummitte — angeordnet und nicht am Boden, was für eine gute Löschwirkung an und für sich vorteilhafter wäre.

Erwähnt mag noch werden, daß es bei den ersten Anlagen dieser Art nicht immer gelang, die Kohlensäure auf den Brandherd zu bringen, ohne daß Ventile oder Leitungen einfroren. Flüssige Kohlensäure bindet bekanntlich große Wärmemengen beim Übergehen in den gasförmigen Zustand, gegebenenfalls unter Bildung von Kohlensäureschnee. Die neueren Verfahren sind dieser Schwierigkeit Herr geworden; die Flaschen werden mit dem Boden nach oben aufgestellt oder es wird vom Boden der aufrecht stehenden Flasche eine Steigeleitung zum Ventil geführt. Dadurch wird erreicht, daß die Kohlensäure flüssig durch die Leitungen hindurchtritt und erst an der Austrittsöffnung vergast, und zwar ohne Bildung von Schnee oder nur eines leichten Nebels, da die umgebende Luft genügend Wärme zuführt.

Zum Löschen oder Dämpfen eines Brandes kann auch behelfsmäßig Kohlensäure aus handelsüblichen Flaschen (die in jedem größeren Hafenplatz erhältlich sind) verwendet werden; die Flaschen müssen dann aber nach dem Öffnen an Deck mit dem Boden nach oben in den brennenden Raum hinuntergelassen werden, evtl. unter Verwendung der Ventilatoren. Unter Umständen können auch behelfsmäßig durch Anfertigung kurzer Verbindungsleitungen mit entsprechenden Anschluß= stücken die vorhandenen Peilleitungen und dergl. für den Transport der Kohlensäure herangezogen werden. Die Gefahr des Einfrierens der Verbindungsleitung bzw. des Flaschenventils kann durch Einsatz von Lötlampen und Übergießen mit heißem Wasser eingeschränkt werden.

Auf diese Weise sind in letzter Zeit verschiedene Schiffsbrände mehr oder weniger erfolgreich bekämpft und eingedämmt worden.

———

14. Stunde.

Grundsätze
für die Bekämpfung von Schiffsbränden.

1. Verhalten im Brandfall.

Wer ein im Entstehen begriffenes Feuer bemerkt, hat sofort und ohne Rücksichtnahme auf etwa eintretende Schäden an Ausrüstungs- und Einrichtungsgegenständen mit allen Mitteln zu versuchen, das Feuer zu löschen (Decken, Handfeuerlöscher und dergl.) und weitere Hilfe herbeizurufen. Dies hat schnell und energisch zu erfolgen, ohne unnötige Unruhe hervorzurufen. Wenn sich auf dem Wege zu einem Handfeuerlöscher ein Feuermelder befindet, so ist dieser gleichfalls zu betätigen; im anderen Falle ist der selbständige Löschangriff wichtiger. Die Feuermeldung — an den nächsten Vorgesetzten oder durch Feuermelder — hat dann durch einen herangerufenen Kameraden zu erfolgen. Wenn dieses, z. B. nachts, nicht möglich ist, so ist unter allen Umständen erst zu versuchen, das entstehende Feuer zu löschen. Läßt sich ein Entstehungsbrand nicht schlagartig löschen, dann sind sofort Türen und Fenster des betreffenden Raumes zu schließen, nachdem der Raum nach evtl. noch schlafenden Personen abgesucht worden ist. Die Feuermeldung ist, falls noch nicht geschehen, zu erstatten, weitere Vorbereitungen (Schließen der Feuertüren, Abrollen der Feuerschläuche) sind zu treffen und der Einsatz des Feuerstoßtrupps abzuwarten. Beim Verlassen des brennenden Raumes ist die elektrische Stromversorgung (Licht und Kraft) durch Abschalten zu unterbrechen. Ruhe und Selbstbeherrschung sind unbedingt erforderlich, um den eintreffenden Feuerstoßtruppführer über die Sachlage schnell aufklären zu können (Ort der Brandstelle, bereits getroffene Maßnahmen). Irgendwelche überflüssigen Ratschläge müssen vermieden werden; unsichere Beobachtungen sind nur unter Betonung der Unsicherheit mitzuteilen.

Um bei einem um sich greifenden Brande die gesamte Besatzung auf ihren Feuerlöschstationen nach der Feuerrolle antreten zu lassen, bedient man sich einer Feueralarmanlage. **„Feueralarm" darf jedoch nur auf ausdrücklichen Befehl der Schiffsleitung gegeben werden.** Vielsach wird ein Gong angeschlagen; je nach der Lage des Brandherdes werden verschiedene Schläge gegeben; im allgemeinen bedeutet:

1 Schlag = Feuer im Vorschiff
2 Schläge = „   „   Mittelschiff
3   „   = „   „   Hinterschiff

Die Bedeutung dieser Signale muß jedem Besatzungsmitglied bekannt sein.

Für die Alarmierung der Feuerstoßtrupps ist auf vielen Schiffen bereits eine besondere Alarmeinrichtung eingebaut. Bei Betätigung dieser Anlage haben sich die Stoßtrupps so schnell wie nur irgend möglich nach dem für diesen Fall grundsätzlich festgelegten Sammelplatz zu begeben, und zwar unter Mitnahme von Lösch- und Atemschutzgeräten und Werkzeug.

Jeder Feuerstoßtrupp besteht aus dem Truppführer (in der Regel ein Offizier des Decks- oder Maschinendienstes) und 5 Mann, von denen jeder innerhalb des Trupps ganz bestimmte Arbeiten zu verrichten hat. Nr. 1 ist der Strahlrohrführer, Nr. 2 hält Axt und Kuhfuß in Bereitschaft und löst Nr. 1 gegebenenfalls ab, Nr. 3 ist der Mann am Wasserpfosten. Nr. 4 sorgt für das Herbeischaffen von Reserveschläuchen und Nr. 5 ist der Träger des Atemschutzgerätes.

Nach dem Einsatz auf der Brandstelle wird sich der Stoßtruppführer bemühen müssen, möglichst rasch Klarheit über die Sachlage zu bekommen. Der Truppführer hat seinen Trupp sofort zur Ablöschung des Brandes anzusetzen, angrenzende Räume durch Hilfsmannschaften absuchen zu lassen und dafür zu sorgen, daß auch in diesen Räumen Fenster und Türen geschlossen werden. Weitere Hilfskräfte für die Feuerbekämpfung sind klarzuhalten; Leute, die mit der eigentlichen Brandbekämpfung nichts zu tun haben, sind fernzuhalten. Sowohl die Schiffsleitung wie auch der Stoßtruppführer müssen sich stets vor Augen halten, daß von den ersten Entschlüssen bei einer Brandbekämpfung häufig der Erfolg der Bekämpfungsmaßnahmen entscheidend abhängt.

Der Angriff auf ein Feuer wird an Bord fast stets vom Schiffsinnern her erfolgen müssen, so bei Aufbautenbränden, Bränden in Wirtschafts- und Provianträumen, Bränden in Maschinen- oder Heizräumen usw. Ein Bekämpfen von außen her wird im allgemeinen nur bei Laderaumbränden in Frage kommen. Unter Umständen kann auch ein Innenangriff wirksam von außen her — durch die Seitenfenster, von Stellagen aus — unterstützt werden. Auf großen Schiffen sollten daher hierfür besonders geeignete handliche Stellagen mit Drahttauwerk an Stelle von Hanf- oder Manilatauwerk bereitgehalten und bestimmte Leute für einen derartigen Angriff besonders geübt werden. Der Weg zur Brandstelle, wobei die nächsten auf das freie Deck führenden Eingänge zu benutzen sind, ist ruhig und ohne Überstürzung zurückzulegen, damit man an der Brandstelle mit ruhiger Atmung ankommt. Ebenso ist es wichtig, daß sich der Feuerschutzmann im Falle eines notwendig werdenden Rückzugs vor dem Feuer über den Rückzugsweg im klaren ist (**Schiffskenntnis! Sicherheitsleine!**).

Bei jedem Feuer ist Rauch und nicht etwa Hitze und Flamme der gefährlichste Gegner. Wo Rauch vorhanden ist, bewegt sich der Feuerschutzmann, sofern er nicht mit Atemschutzgerät ausgerüstet ist, kriechend am Boden, da hier infolge des stets zum Feuer hin vorhandenen Zuges am ehesten noch mit kühlerer, genügend sauerstoffreicher Luft gerechnet werden kann.

Filtergeräte dürfen nur benutzt werden, wenn zweifelsfrei feststeht, daß noch genügend Sauerstoff vorhanden ist, also nur in Feuerluv, auf offenen verqualmten Decks und dergl., **niemals aber gegen anziehenden oder stehenden Rauch.** Wegen dieser Voraussetzungen können Filtergeräte im praktischen Schiffsfeuerlöschdienst nur ausnahmsweise eingesetzt werden.

Türen dürfen, nachdem ein Handfeuerlöscher bereit ist, bzw. nachdem Wasser am Strahlrohr steht, wegen der Gefahr von Stichflammen nur in der Weise geöffnet werden, daß der Öffnende sich duckt und sich geschützt durch die Tür oder eine Wand aufstellt. Der Feuerlöschstrahl (Wasser, Schaum oder Pulver) muß stets auf die brennenden Gegenstände, nicht in die Flammen gerichtet werden. **(Feuer von unten her bekämpfen!)** Bei der Vornahme von Schläuchen ist darauf zu achten, daß diese durch etwa sich schließende Türen nicht abgekniffen werden (Türen feststellen!). Um die Gefahr von Kurzschlüssen auszuschließen, ist die gesamte Stromversorgung in der gefährdeten Abteilung (bzw. in sonstigen Räumen) abzustellen; der Feuerstoßtrupp muß daher mit starken elektrischen Lampen (Brustlampen) von genügend langer wenigstens einstündiger Brenndauer, ausgerüstet sein. Um den eigentlichen Brandherd freizulegen kann es unter Umständen erforderlich werden, Schotten und Wände einzuschlagen. In solchen Fällen ist im Interesse der Erhaltung des Schiffes und des Lebens der Fahrgäste und der Besatzung rücksichtslos von der Axt (gegebenenfalls auch vom Schneidbrenner) Gebrauch zu machen. Selbstverständlich muß hierbei eine Zerstörung von Feuerschotten vermieden werden (Schiffskenntnis!).

Feuerschotte müssen daher als solche deutlich erkennbar sein, und zwar auch in Kammern, da sie häufig nicht auf demselben Spant stehen wie die Feuertüren.

Entsteht ein Brandausbruch während der Liegezeit im Hafen und liegt das Schiff nicht am Kai, so ist es immer zweckmäßig, es dorthin zu verholen, sofern dort mit dem Einsatz stärkerer Löschkräfte gerechnet werden kann. Bei der Auswahl des Liegeplatzes am Kai ist indes zu beachten, daß durch das Schiff weder am Kai befindliche Gebäude und Waren noch in der Nähe liegende Schiffe gefährdet werden. Zu bevor=

zugen ist allgemein ein Liegeplatz, der den Einsatz von Landkränen gestattet. Während des Verholens bzw. der Vorbereitungen dazu darf der Löschangriff aber auf keinen Fall unterbrochen werden.

An einem Kai oder einer Ladebrücke, wo leicht brennbares Ladegut aufgestapelt ist oder wo vorhandene Schuppen aus Holz bestehen, ist — vor allem in fremden Häfen — eine sogenannte Feuerleine (Draht!) auszubringen, um das Schiff bei Gefahr in freies Wasser hieven zu können.

Gerät die Kleidung von Personen in Brand, so ist, da stets unmittelbare Lebensgefahr besteht, besonders schnelles und beherztes Handeln notwendig. Am besten wirft man eine solche Person hin, wirft ihr eine Löschdecke, einen Mantel, eine Jacke oder sonst einen dichten Stoff über und versucht, durch Rollen und Schlagen das Feuer zu löschen. Die Anwendung von Wasser kann in solchen Fällen jedoch nur empfohlen werden, wenn Wasser sofort und in ausreichender Menge zur Verfügung steht.

Um ein über einen Entstehungsbrand hinausgehendes Feuer auf seinen Herd zu beschränken, sind unbedingt folgende Maßnahmen neben der Fortsetzung der Löscharbeiten erforderlich:

1. Schließen sämtlicher Türen und Fenster in den Kammern, Gesellschafts- und Wirtschaftsräumen sowie auf den Vorplätzen.
2. Schließen sämtlicher Oberlichter und Klappen.
3. Abstellen der künstlichen und natürlichen Lüftung (gegebenenfalls Dichtbinden der Ventilatoren).
4. Bereitstellen weiterer Löschmittel (Handfeuerlöscher, Schläuche, Strahlrohre) durch besonderen Hilfstrupp.
5. Bereitstellen weiterer Atemschutzgeräte nach Einsatz des Feuerstoßtrupps.
6. Beobachtung aller an die Brandstelle angrenzenden Abteilungen und Vorbereitung zur Räumung dieser Abteilungen sowie solcher entfernt liegenden Räume, die mit der Brandstelle durch Kanäle, Kabelleitungen oder Schläuche in Verbindung stehen.
7. Bei umfangreicheren Bränden Stoppen des Schiffes und Vorbereitung für Inbetriebnahme der Reservefeuerlöschpumpen.

Nach Ablöschen eines Brandes muß die Brandstelle noch genügend lange beobachtet werden (Brandwache), um irgendwelche Brandnester sofort ablöschen zu können. Bei Bränden, die durch Selbstentzündung hervorgerufen sind, ist durch reichliches Wassergeben zwecks Abkühlung dafür zu sorgen, daß eine Wiederholung der Selbstentzündung ausgeschlossen ist. **Bei Baumwolle und sonstiger fest in Ballen gepackter Ladung (Lumpen, Abfälle) ist besondere Vorsicht geboten, da ein Brand im Balleninnern sehr lange weiterschwelt.** Angebrannte Ballen und Ballen, die einer starken Erwärmung ausgesetzt gewesen sind, sind daher am besten an Deck zu nehmen oder über Bord zu werfen.

Behälter, Gefäße, Fässer, Kisten usw., die im Feuer standen oder heiß werden, dürfen erst nach völliger Erkaltung geöffnet werden, dies ist besonders wichtig bei Geldschränken, da deren Inhalt sich sonst bei der Öffnung entzündet oder zerfällt.

Nach jedem Brande ist es unbedingt erforderlich, die Brandursache zu erforschen, um eine Wiederholung für die Zukunft möglichst auszuschließen. Die hierfür in Frage kommenden wichtigsten Maßnahmen, über die jeder Feuerschutzmann unterrichtet sein muß, sind folgende:

Absperrung der Brandstelle.
Unveränderte Erhaltung der Brandstelle bis zum Beginn der Ermittlungen.
Sicherstellung von Gegenständen, die während des Löschens entfernt werden mußten.
Feststellung von Augenzeugen (Fahrgäste oder Besatzungsmitglieder), die den Brand entdeckt hatten.
Festlegung von Angaben über Brandbeginn.
Verlauf der Brandlöschung und Ende des Brandes.
Festlegung besonderer Beobachtungen (Explosionen, Gerüche usw.).

Weiter wird auf folgende Gesichtspunkte hingewiesen:
Entnahme von Proben aus dem Brandschutt und von nicht angebrannten Stoffen.
Verlauf von Brand- und Rauchspuren.
Feststellung, ob sich an der Brandstelle Stoffe und Gegenstände befinden, die vor Ausbruch des Brandes nicht vorhanden waren bzw. nicht vorhanden sein sollten.
Feststellung des Zustandes elektrischer Anlagen (Schalter, Steckdosen, Sicherungen, Schalttafeln).
Feststellung eventuell vor dem Brande eingetretener Störungen und vorgenommener Arbeiten an den elektrischen Anlagen.

Bei den Aufräumungsarbeiten nach einem Ladungsbrande muß stets mit besonderer Vorsicht vorgegangen werden (vorherige ausgiebige Lüftung, Brand- oder Explosionsgefahr auch in entfernt von der Brandstelle lagernder, nicht vom Feuer erfaßt gewesener Ladung, durchgebrannte Decks, Einsturzgefahr).

Wichtig nach einem Brande ist schließlich auch noch die Feststellung von Wasserschäden und sonstigen Schäden, die bei der Brandbekämpfung verursacht wurden.

Das Wiedereinschalten von elektrischem Strom darf nur unter besonderen Vorsichtsmaßregeln und nur durch einen Fachmann erfolgen.

Sämtliche Mitglieder der Feuerstoßtrupps müssen genaue Kenntnis der Räume ihres Schiffes sowie der vorhandenen Feuerlöschanlagen haben. Schiffspläne mit den darin eingezeichneten Feuerlöscheinrichtungen und Feuerschottwänden sind zu jederzeitigem Gebrauch im Kartenhaus aufzubewahren.

Die Führer der Stoßtrupps müssen sich über die Art und Stauung der Ladung unterrichten. Ein vom Stauer bzw. Ladungsoffizier möglichst bis zur Abfahrt fertigzustellender genauer Stauplan ist während der Reise im Navigationszimmer zur jederzeitigen Einsichtnahme aufzubewahren.

Die Führer der Stoßtrupps sind neben dem Sicherheitsoffizier für den Zustand sämtlicher Feuerlöscheinrichtungen verantwortlich. Ebenso ist es ihre Aufgabe, für die einwandfreie Durchführung der Maßnahmen zu sorgen, die bei Ausbruch eines Brandes zu beachten sind.

Hierzu gehört im besonderen folgendes:

Liegt das Schiff im Hafen ohne Dampf in den Kesseln zu haben, so müssen Handdruckspritzen an Bord sein, falls keine Handpumpen an Bord sind. Entsteht während der Liegezeit des Schiffes im Hafen ein Feuer, so ist in jedem Falle die Landfeuerwehr unter Angabe des Schiffsnamens und des Liegeplatzes sofort zu benachrichtigen. (**Kenntnis der Lage des nächsten Feuermelders und Nummer des Fernsprechanschlusses! Entsprechender Anschlag am Landgang!**)

Die Dampfeinströmungs-Einrichtungen nach den Lade- und sonstigen Räumen sind nach jeder Reise auf Betriebsfähigkeit zu prüfen.

Die Dampfeinströmungs-Öffnungen im Innern der Räume dürfen nicht durch irgendwelche Gegenstände zugesetzt werden.

Ist an Bord Feuer ausgebrochen, so ist die Feuerlöschleitung umgehend unter erhöhten Druck zu setzen.

Die Erforschung und erste Bekämpfung eines nicht bereits im Entstehen niedergeschlagenen Feuers ist Angelegenheit der Feuerstoßtrupps, die vor Beginn jeder Reise zu bilden sind.

Ist der Ort des Feuers nicht genau bekannt, so ist dieser unter Bereithaltung ausreichend starker Löschmittel in vorsichtiger Weise und unter möglichster Vermeidung von Luftzug zu erforschen. Nötigenfalls sind hierbei Rauchschutzgeräte zu verwenden.

Dicht abschließbare Abteilungen sind geeignet, bei schneller und sachgemäßer Abwehr ein ausgebrochenes Feuer zu lokalisieren. Bricht daher an Bord eines Schiffes ein Feuer aus, so sind sämtliche Zugänge und Öffnungen sowohl des Brandraumes wie auch der angrenzenden Räume sofort zu schließen und geschlossen zu halten, bis die erforderlichen Feuerlöschmittel und Rauchschutzgeräte in ausreichendem Maße zur Stelle und klar zum Gebrauch sind.

Sobald der Brandherd genau festgestellt ist, hat man sich zu überlegen, ob der direkte Angriff durch Wasser oder der indirekte Angriff durch Dampf oder Kohlensäurezufuhr zu unternehmen ist.

Ist der Brandherd zugänglich und glaubt man, das Feuer mit Wasser erfolgreich bekämpfen zu können, so ist diese Angriffsweise, weil sie schneller und sicherer zum Ziel führt, vorzuziehen.

Wasser und Wasserdampf sowie Wasser und Schaum dürfen in demselben Raum niemals gleichzeitig angewandt werden, weil eines das andere in seiner Löschwirkung aufhebt.

Soll ein Feuer durch Wasser gelöscht werden, so muß eine möglichst große Zahl von angekuppelten Feuerschläuchen zum Einsatz bereit sein. Erst dann ist durch Öffnen von Luken, Türen und Fenstern Luft zu schaffen und gleichzeitig mit aller Energie und von verschiedenen Seiten her gegen einen Brandherd vorzugehen. Hat dieses keinen Erfolg, so sind unverzüglich alle Öffnungen zum Brandherd luftdicht zu schließen und die Kohlensäure= bzw. Dampffeuerlöschanlagen in Betrieb zu setzen.

Beim Feuerlöschen mit Dampf oder Gas ist niemals ein sofortiger Erfolg zu erwarten. Daher müssen diese Löschmittel je nach der Größe des Feuers und des Brandraumes und nach der mehr oder weniger sorgfältigen Abdichtung stunden= bzw. tagelang einströmen. Bei stark gepreßten Gütern, wie Baumwolle, Jute usw., ist erst nach Tagen, vielfach aber erst nach Wochen mit einem sicheren Ergebnis zu rechnen. Wird die auf den meisten Schiffen vorhandene Dampflöschleitung für nicht ausreichend erachtet, so ist vom nächsten Anschluß eine Hilfsleitung nach dem Brandraum zu legen. Glaubt man sichere Anzeichen für das Erlöschen des Feuers zu haben, so ist die Anlage abzustellen, ohne daß man den Brandraum öffnet. Erst wenn nach dem Abstellen längere Zeit (mindestens 3 Tage) eine dauernde Temperaturabnahme im Brandraum festgestellt worden ist, darf mit dem Zulassen frischer Luft durch vorsichtiges Freilegen der Öffnungen begonnen werden. Ist jedoch der Bestimmungshafen in einigen Tagen zu erreichen, so empfiehlt es sich, den Brandraum überhaupt nicht vorher zu öffnen. Das Betreten des Brandraumes ist jedoch erst nach gründlicher Durch= lüftung und auch dann nur mit äußerster Vorsicht unter Benutzung der vorhandenen Sicherheitsmittel (Rauchschutzgeräte, Fangleinen, Sicher= heitslampen usw.) zu gestatten, da häufig explosive und gesundheits= schädliche Gase nach einem Brand zurückbleiben.

Zu beachten ist auch, daß ein in der Nähe des Schiffes ausbrechen= des Feuer häufig sehr schnell größere Dimensionen annehmen kann. Es ist daher in solchen Fällen stets sofort Feueralarm zu schlagen, die Feuerlöschgeräte sind klar zum Gebrauch zu machen und alle zum Ver= holen des Schiffes erforderlichen Maßnahmen zu treffen.

Ist beim Ausbruch eines Feuers Gefahr im Verzuge, so ist, falls sich das Schiff in der Nähe von Land befindet, der nächste Hafen anzu= laufen, um auch Hilfe von Land erlangen zu können. Hierbei sind jedoch nicht nur die einzuschlagenden Routen und die verschiedenen in Betracht kommenden Häfen, sondern auch ebenso Wind= und Wetter= verhältnisse zu berücksichtigen.

2. Besondere Hinweise bei Bränden in Aufbauten.

Brände in den Aufbauten sind außerordentlich gefährlich, da die Treppenhäuser, Fahrstuhlschächte, Frischluft= und Kabelkanäle usw. durch ihre schornsteinartige Zugwirkung in stärkstem Maße die Aus= dehnung eines Feuers bewirken.

Das Feuer läuft vielfach hinter der Holzpaneelung hoch, z. B. in Treppenhäusern, um an einer weit abgelegenen Stelle wieder zum Durchbruch zu gelangen.

Auf das sofortige Schließen sämtlicher Türen und sonstigen Öffnungen, Abstellen der künstlichen Belüftung usw. ist besonderes Augenmerk zu richten.

Durch Stoppen oder vor den Wind legen des Schiffes ist der Einfluß des Fahrtwindes oder des natürlichen Windes nach Möglichkeit auszuschalten.

Der Hauptangriff gegen ein Feuer ist im allgemeinen auf der dem Winde abgelegenen Seite anzusetzen, d. h. von Feuerlee aus, da dort die größte Gefahr der Weiterentwicklung besteht.

Durch Aufschlagen der Sperrholzplattenverkleidung, vor allem in Treppenhäusern, ist der schornsteinähnlichen Konstruktion der Aufbauten Falschluft zuzuführen und damit die Gewalt der Brandentwicklung einzudämmen.

Feuerschotte sind besonders geeignet, den Angriffskräften als Stützpunkt zu dienen und der hemmungslosen Entwicklung des Brandes entgegenzutreten. Dabei sind aber die schwachen Punkte jedes Feuerschotts (Türdurchbrüche, Durchführungen von Lüftungsschächten und Kabelkanälen usw.) ständig zu überwachen.

3. Besondere Hinweise bei Ladungsbränden.

Mit allen Mitteln ist zu versuchen, an den eigentlichen Brandherd zu gelangen. Um mit den Wasserstrahlen den Brandherd genügend zu treffen, ist dieser gegebenenfalls durch Herausschaffen von Waren freizulegen.

Auf die Deckung der Umgebung ist besonders Rücksicht zu nehmen. **Eiserne Schotte und Decks bilden keinen feuersicheren Abschluß.** Deshalb sind die den brennenden Raum begrenzenden Abteilungen durch Herausschaffen und Umstauen von Waren soweit zugänglich zu machen, daß die in Frage kommenden Schotte und Decks auf Erwärmung beobachtet und eventuell durch Berieselung mit Wasser gekühlt werden.

Besteht keine Möglichkeit an den Brandherd zu gelangen, so kann, falls es sich um eine schnell und dicht abschließbare Abteilung handelt, der Einsatz von Kohlensäure oder von Dampf zweckmäßig sein.

Liegt dagegen bei leicht brennbaren und schnell entflammbaren Warengütern die Gefahr der Weiterverbreitung des Feuers auf die angrenzenden Räume vor, so ist der Brandraum **mit allen zur Verfügung stehenden Mitteln unter Wasser zu setzen.**

Waren, die gebrannt haben, sind an Deck zu schaffen bzw. über Bord zu werfen.

Bestimmte Ladungen, z. B. Jute, Baumwolle, Hanf, Sojabohnen usw., saugen Wasser auf und vergrößern damit ihr Volumen beträchtlich. Sind solche Waren mit Löschwasser in Berührung gekommen, so sind, um starke Beschädigungen des Schiffskörpers zu vermeiden, Teile der Ladung schnellstens herauszuschaffen. Bei Bränden in derartigen quellbaren Ladungen sind als Löschmittel nach Möglichkeit entweder Schaum oder Kohlensäure einzusetzen.

4. Besondere Hinweise bei Kühlraumbränden.

Die Bekämpfung von Bränden in der Kühlraumisolierung bietet große Schwierigkeiten, da der Herd des Feuers im allgemeinen unzugänglich und schwer festzustellen ist und außerdem erhebliche Rauchentwicklung auftritt.

Zur Vermeidung derartiger Brände ist daher jede Feuerarbeit an Kühlraumwänden und -Decken zu unterlassen.

Das Austrocknen feuchter Kühlräume unter Verwendung von Koksöfen ist nicht ohne Gefahr. Es sind auf jeden Fall nur geringe Koksmengen zu verwenden. Von den Wänden sind zum Schutze gegen die strahlende Hitze ausreichende Abstände innezuhalten. Fußboden und Decks im Bereich des Kokskorbes sind durch geeignete Abdeckungen zu schützen.

Stoffe, die in Verbindung mit der Isoliermasse zur Selbstentzündung neigen (Tran, Paraffin, Leinöl usw.), dürfen nicht in oder über den Kühlräumen verladen werden.

Bei einem Brand in der Isolierung ist zu versuchen, durch Entfernen der Verschalung und Isolierung um den Brandherd herum dem Feuer die Nahrung zu nehmen und durch Anbohren der Decks bzw. der Schotte oberhalb des Brandherdes Löschwasser an den Brandherd zu bringen.

Die Verwendung von Brenn- und autogenen Schneidgeräten zur Freilegung des Brandherdes hat sich des öfteren als unzweckmäßig erwiesen. Sie führt lediglich zu einer Vergrößerung des Brandherdes.

5. Besondere Hinweise bei Maschinen- und Heizraumbränden.

Im allgemeinen wird es sich um Ölbrände handeln, die einen außerordentlich dichten und schwarzen Rauch entwickeln. Anordnungen und Maßnahmen zu ihrer Verhütung sind in den vom Aufsichtsrat für Dampfkessel und Maschinen erlassenen „Bedienungsvorschriften für Ölfeuerungsanlagen" enthalten.

Brennstofftages- und Schmieröltanks sind durch ihre exponierte Lage besonders gefährdet. Sie sind daher vor gefährlicher Erwärmung zu schützen und die Absperrventile, insbesondere an Ölstandsgläsern, zu schließen, da sonst bei Beschädigung der Glasrohre dem Feuer ständig neue Nahrung zufließt.

Zur Löschung der Ölbrände ist der Schaum besonders geeignet. Um eine störungsfreie Schaumbildung sicherzustellen, sind die Schlauchleitungen möglichst glatt und ohne Knicke zu verlegen. Ferner sind ausschließlich Schlauchspritzen mit großem Mündungsdurchmesser (mindestens 28 mm) zu verwenden.

Handelt es sich nur um Ölmengen geringen Umfanges und um spezifisch schwere Öle, so ist ein Ablöschen des Feuers auch unter Anwendung fein verteilter Wasserstrahlen (Sprühstrahl) möglich. Diese Art des Löschverfahrens hat sich besonders bei Bilgenbränden gut bewährt.

Der Zugang zum brennenden Maschinen- oder Kesselraum erfolgt von dem benachbarten Raum oder vom Wellentunnel aus, der durch den Notausgang zu erreichen ist. In beiden Fällen ist eine Annäherung an den Brandherd ohne Erschwerung durch Rauchgase, Flammen usw. möglich, wenn durch Öffnen der Oberlichter oberhalb des Brandraumes für Entlüftung gesorgt ist.

6. Besondere Hinweise zur Verhütung und Bekämpfung von Kohlebränden.

Das Bunkern bzw. Laden der Kohlen muß unter möglichster Vorsicht und Schonung erfolgen, da ein Zerkleinern durch Herabfallen aus größerer Höhe usw. die Selbstentzündung begünstigt.

Die Kohlen sind möglichst nur in trockenem Zustande zu bunkern bzw. zu verladen.

Selbstentzündung entsteht sehr leicht in alten und grushaltigen Kohlenresten, auf die beim Bunkern neue Kohlen geschüttet wurden. Reste müssen daher vor dem Bunkern so getrimmt werden, daß sie zuerst verbraucht werden können.

Die Selbstentzündung wird in hohem Maße durch äußere Wärmezufuhr verursacht, durch die Nähe von Kesseln, Dampfleitungen Schornsteinen usw. begünstigt. Bunkerschotte und Rohrleitungen im Bereiche der gefährdeten Stellen müssen besonders isoliert werden. Die in solchen Bunkern liegenden Kohlen sind, vor allem wenn sie grushaltig sind, sobald wie irgend möglich zu verbrauchen.

Jede Durchlüftung der Kohlen ist gefährlich. Undichte Bunkerschotten und Holzschotten als Trennwände in Kohlenbunkern, die in der Regel nicht luftdicht abschließen, bilden daher eine Gefahr.

Dagegen ist eine ständige Oberflächenbelüftung bei geschlossenen Bunkertüren zur Abführung der sich bildenden giftigen und explosiven Gase herzustellen.

Die Bunkertemperaturen müssen regelmäßig kontrolliert werden, besonders dann, wenn die Kohlen äußerer Erwärmung ausgesetzt sind.

In Temperaturrohre eingeführte Thermometer lassen infolge der schlechten Wämeleitfähigkeit der Kohle Brandherde, auch wenn sie dicht bei den Rohren liegen, nicht immer mit Sicherheit erkennen. Ein einfaches und zuverlässiges Mittel, den Brandherd festzustellen, ist folgendes:

Man treibt ca. 15 mm starke, entsprechend lange Rundeisen an verschiedenen Stellen in die Kohlen und lasse sie ca. 3 Minuten darin stecken. Nach dem Herausziehen läßt sich an der mehr oder weniger starken Erwärmung die Lage des Brandherdes erkennen.

Bei einem Kohlenbrand ist ebenfalls stets mit allen Kräften zu versuchen, an den eigentlichen Brandherd zu gelangen. Häufig wird es sich dabei um verschiedene Brandherde handeln.

Sobald der Brandherd freiliegt, ist reichlich Wasser zu geben, denn bei ungenügender Menge kann ein Zersetzen des Wassers an der glühenden Kohle eintreten. Dadurch entstehen stark explosive Gasgemische. Diese Gefahr muß unbedingt verhütet werden. In vielen Fällen wird sich ein „Absaufen" des Brandes von oben her durch die Trimmluken empfehlen.

Zum Löschen eignet sich auch Kohlensäure, die von oben durch geeignete Öffnungen einzuführen ist. Dies Verfahren hat den Vorteil, daß der Bunker nicht geöffnet und der Brandherd nicht freigelegt zu werden braucht.

Wasserdampf ist kein geeignetes Löschmittel für Bunkerbrände und außerdem kann seine Anwendung Explosionen zur Folge haben..

Bei jedem Bunkerbrand ist stets mit dem Auftreten von Kohlenoxyd zu rechnen. Daher niemals Filtergeräte einsetzen!

15. Stunde.

Praktische Übungen des Feuerstoßtrupps im Freien (auch unter Atemschutzgeräten) im Schlauchvornehmen, Signalabgeben, Bergen von Verunglückten unter Wechseln der Truppnummern.

---

16. Stunde.

Praktische Übungen in vergasten und gleichzeitig verqualmten Räumen im Schlauchvornehmen, Durchkriechen von Mannlöchern, in der Bergung von Verunglückten und in der Ausführung schwerer körperlicher Arbeiten.

---

17. Stunde.

Praktische Übungen im Ablöschen von Öl- und Benzinbränden mit Sprühstrahlen und Schaumerzeugern.

---

18. Stunde.

Besprechung des Anhangs.

Anhang.

Zusammenstellung bemerkenswerter Schiffsbrände.

1. Brände in den Aufbauten.
2. Brände in der Ladung.
3. Brände in Maschinenräumen.
4. Brände in Kühlräumen.
5. Brände auf Tankschiffen.

Brände in den Aufbauten.

1. Während der Reise entstand nachts auf einem großen Fahrgastschiff in einer Kammer des C-Decks ein Feuer, das sehr bald bemerkt wurde. Die Besatzung wurde sofort alarmiert, konnte aber nicht mehr eine erfolgreiche Brandbekämpfung vornehmen, weil das Feuer an den Sperrholzwänden in den Gängen entlanglief und nach kurzer Zeit große Teile des C-Decks erfaßt hatte. Nach etwa 2 Stunden stand das ganze Schiff in Flammen. Die an Bord befindlichen Menschen konnten von herbeieilenden Schiffen aufgenommen werden. 30 Mann der Besatzung kamen durch das Feuer um. Das Schiff brannte völlig aus.

2. Während der Reise entzündete sich auf einem Fahrgastschiff das zum Braten benutzte Öl auf einem Küchenherd. Die Flamme schlug in den darüber befindlichen Abzugsschacht und setzte die darin befindlichen Ölniederschläge in Brand. Von dem brennenden Schacht aus übertrug sich das Feuer auf eine ganze Reihe von Fahrgastkammern, so daß an den verschiedensten Stellen in den über der Küche liegenden Decks neue Brandherde entstanden. Durch Einschlagen der Verschalung gelang es, unter Einsatz von 5 Schläuchen, die einzelnen Feuerherde abzulöschen und ein weiteres Umsichgreifen des Feuers zu verhindern.

3. Während der Liegezeit im Hafen entstand in einer Oberstewardkammer ein Feuer, das von zwei Wächtern noch während des Entstehens bemerkt wurde. Nach Alarmierung der Schiffsbesatzung wurde die Bekämpfung mit mehreren Handfeuerlöschern und anschließend unter Einsatz von Schläuchen durchgeführt. Ein Erfolg wurde nicht erzielt, weil das Feuer von der Oberstewardkammer in den im gleichen Deck

liegenden großen Speisesaal gedrungen war und die Decke dieses großen Raumes schlagartig in Brand gesetzt hatte. Das Feuer war weiter über das in der Nähe des Entstehungsherdes liegende, von den Gängen nicht durch Feuertüren abgeschlossene Haupttreppenhaus an der Sperrholzwandverkleidung in das darüber liegende Promenadendeck gedrungen und hatte auch hier die angrenzenden Räume in ganzer Ausdehnung in Brand gesetzt.

Das Feuer konnte erst nach Einsatz der Landfeuerwehr mit fünf Schläuchen niedergekämpft werden.

4. Kurze Zeit nach dem Einschalten eines elektrischen Heizkörpers entstand in einer Kammer eines Frachtschiffes ein Feuer. Wahrscheinlich hatten sich Kleidungsstücke durch die strahlende Wärme des Heizofens entzündet. Da sämtliche Türen geöffnet waren und die Kammer in unmittelbarer Nähe des Treppenhauses lag, konnte das Feuer, trotzdem es sofort bemerkt und angegriffen wurde, nicht mehr auf seinen Herd beschränkt werden. Nach wenigen Minuten bereits stand der ganze Brückenaufbau in Flammen.

5. In der Nachtzeit entstand auf einem großen Fahrgastschiff in einem Schrank ein Feuer, das durch die Rauchentwicklung sehr bald bemerkt wurde. Der Einsatz von Handfeuerlöschern blieb erfolglos, weil das Feuer sich inzwischen auf die Deckenverkleidung des Raumes ausgedehnt hatte. Die Besatzung wurde sofort alarmiert, aber auch der Einsatz von mehreren Schläuchen konnte nicht verhindern, daß sich das Feuer in kürzester Zeit auf die ganzen Wohn= und Aufenthaltsräume ausdehnte. Im besonderen trugen die beiden Haupttreppenhäuser dazu bei, das Feuer auf alle Decks zu übertragen. Die Entwicklung des Brandes ging mit einer solchen Geschwindigkeit vor sich, daß eine große Anzahl von Fahrgästen und Besatzungsmitgliedern in ihren Kammern vom Feuer überrascht wurden und nicht mehr das freie Deck erreichen konnten. Das Schiff brannte völlig aus. Dem Feuer fielen 124 Menschen zum Opfer.

6. Während der Reise entstand auf einem modernen großen Fahrgastschiff ein Feuer in einer Fahrgastkammer des C=Decks. Die Wand= und Deckenverkleidungen und die Ausrüstung mit leicht brennbaren Dekorationsstoffen boten dem Feuer reichliche Nahrung. Außerdem sorgten die nicht abgeschlossenen Treppenhäuser und die Fahrstuhl= und Entlüftungsschächte für eine so schnelle Verbreitung des Feuers, daß das Schiff nach wenigen Minuten wie eine Fackel in ganzer Ausdehnung brannte. Eine große Anzahl von Menschen wurden in ihren Kammern vom Feuer überrascht und verbrannten. Bei der schlagartigen Entwicklung des Feuers war es nicht mehr möglich, die in großer Anzahl vorhandenen Löscheinrichtungen zur Brandbekämpfung einzusetzen. Das Schiff brannte vollkommen aus.

7. Auf einem Fracht- und Fahrgastschiff drang während der Reise aus einer Fahrgastkammer Rauch heraus. Beim Öffnen der Kammertür schlugen helle Flammen aus dem Raum heraus. Die Tür wurde sofort wieder geschlossen und die Besatzung alarmiert, gleichzeitig die Maschine gestoppt. Mit der Unfallseite in Lee wurde das Schiff beigedreht und außer Fahrt gebracht. Nach kurzer Zeit waren die Löscharbeiten in vollem Gange. Fenster und Türen wurden, soweit möglich, geschlossen. Das Feuer wurde mit 7 Schläuchen angegriffen. Es dehnte sich jedoch mit rasender Geschwindigkeit und unter starker Rauchentwicklung aus. Ein Angreifen des eigentlichen Brandherdes war nicht möglich. Die FT-Station wurde sehr bald wegen Rauch und Wasser außer Betrieb gesetzt.

Durch die Hitze zersprangen die im Kajütsgang liegenden Fenster zum Maschinenschacht. Durch diese Öffnungen schlugen Stichflammen in den Maschinenraum und setzten die Farbe der dort stehenden Öltanks in Brand. Vom Maschinenraum aus wurden Schläuche zur Bekämpfung dieses neuen Brandes und zur Kühlung der Tanks vorgenommen. Nach 3stündiger Tätigkeit war das Feuer in den Aufbauten niedergeschlagen. Da die Kammern zum größten Teil vollkommen zerstört waren, mußten die Fahrgäste nach Anlaufen eines Nothafens gelandet werden.

8. Auf einem großen Fahrgastschiff entstand unmittelbar vor der Probefahrt in einem Kammergang ein Feuer, und zwar in einem kleinen Holzschrank, in dem die Stewards ihr Putzmaterial untergebracht hatten. Ohne sich vorher durch eine nach außen tretende Rauchentwicklung bemerkbar zu machen, schlug plötzlich nach vorhergehender schwacher Verpuffung eine Stichflamme aus der Schranktür. Gleichzeitig stand die untere Schrankhälfte in Flammen. Das Feuer wurde sofort bemerkt. Zwei Mann liefen zum nächsten Schlauchkasten, der etwa 30 m entfernt lag, rollten den Schlauch ab, öffneten das Ventil und liefen zur Brandstelle zurück. Zwischen dem Erkennen des Brandes und dem wirksamen Einsatz des Löschangriffs lag demnach nur eine sehr kurze Zeit von etwa 1½ Minuten. Trotzdem standen bei der Rückkehr zur Brandstelle die Sperrholzwandplatten des Kammergangs und die Deckenverkleidung in Flammen. Durch den bestehenden Luftzug war die Entwicklung des Feuers bis in das Haupttreppenhaus hinein vorgeschritten. Ebenso waren die Flammen in den Längsgang geschlagen und dehnten sich hier auf einen größeren Teil der Fahrgastkammern aus. Auf die Hilferufe der in den Kammern vom Feuer überraschten und eingeschlossenen Menschen eilten weitere Hilfskräfte herbei. Trotz größten Einsatzes gelang es aber nicht, die den Kammerinsassen drohende Gefahr zu beseitigen und einen größeren Materialschaden zu verhüten. Den Kammerinsassen war es jedoch noch möglich, durch die Bullaugen und über die Außenhaut mit Hilfe von Leinen und Trossen das freie Deck zu erreichen. Das Feuer mußte unter Einsatz der Landfeuerwehr mit 7 Rohren abgelöscht werden.

9. Ein großes Fahrgastschiff lag im Hafen bereit, um am folgenden Tage die Ausreise anzutreten. Wegen der hohen Tagestemperaturen wurden am Abend und während der Nacht sämtliche Türen in den Aufenthaltsräumen zur Durchlüftung geöffnet. In den frühen Morgenstunden wurde in einem der unteren Fahrgastdecks durch stärkere Rauchbildung ein Feuer noch während seines Entstehens entdeckt, das wahrscheinlich in einem Locker durch Selbstentzündung von ölhaltigen Putz- und Bohnerlappen entstanden war. Die Besatzung wurde sofort alarmiert. Mehrere Feuerstoßtrupps gingen mit Atemschutzgeräten und verschiedenen Strahlrohren gegen den Brandherd vor. Gleichzeitig wurde die Landfeuerwehr benachrichtigt. Da wegen der geöffneten Türen sich ein lebhafter Zugwind durch alle Schiffsräume bewegte, waren große Teile der Räume in kürzester Zeit derart mit dichtem Rauch erfüllt, daß der Löschangriff der Besatzung ins Stocken kam. Diese Verzögerung genügte, um bis zu dem nach wenigen Minuten erfolgenden Eingreifen der Landfeuerwehr zu einer Ausdehnung des Feuers auf eines der Haupttreppenhäuser und von hier aus auf mehrere oberhalb des Brandherdes liegende Decks zu führen. Das Feuer fand an der Holzverkleidung der Gangwände und -Decken und an der Holzverkleidung der als Schornsteine wirkenden Treppenhäuser überreiche Nahrung und durchlief förmlich sämtliche Aufbauten, so daß nach kurzer Zeit das ganze Schiff in hellen Flammen stand. Eine große Zahl von Besatzungsmitgliedern wurde in ihren Kammern vom Feuer überrascht. Sie konnten sich in dem dichten Rauch auf ihrem eigenen Schiff nicht mehr zurechtfinden und mußten über Bord springen.

Das Feuer konnte erst nach achtstündiger Arbeit durch stärksten Einsatz der Landfeuerwehrkräfte mit etwa 30 Rohren nur dadurch abgelöscht werden, daß vom Vor- und Hinterschiff aus in allen Decks zu gleicher Zeit mit Strahlrohren gegen die brennenden Innenräume vorgegangen wurde.

Brände in der Ladung.

1. Auf einem Frachtdampfer waren zwischen zwei Luken etwa 140 Kisten Abfallfilme aufgestapelt. Während des Löschens im Hafen gerieten diese Kisten plötzlich in Brand. Gewaltige Stichflammen schlugen in die Höhe und zündeten überall, wohin sie trafen. Im Nu brannten die an Deck liegenden hölzernen Lukendeckel, Decksaufbauten und Rettungsboote, der hölzerne Top des eisernen Mastes, die Ladebäume, das Tauwerk und das Holzdach des etwa 40 m entfernt liegenden Kaischuppens. Die hochgeschleuderten Kisten fielen zum Teil in die Laderäume und setzten dort die Ladung in Brand. Mit knapper Not konnten sich die darin tätigen Schauerleute retten. Es muß noch als großes Glück bezeichnet werden, daß bei dieser Sachlage keine töd-

lichen Unfälle eintraten. 17 Menschen erlitten mehr oder weniger schwere Brandverletzungen. Der Mast stürzte auf das Deck, 2 Laderäume und die Aufbauten standen in Flammen.

Erst nach mehrstündiger Tätigkeit und nach Einsatz der Landfeuerwehr gelang es, das Feuer mit 19 Schläuchen abzulöschen.

2. Während des Übernehmens von Schwefel in Jutesäcken entstand durch Kurzschluß eines Sonnenbrenners ein Feuer im Laderaum. Wegen der sofort sich bildenden Schwefelgase mußten die Schauerleute den Laderaum in größter Eile verlassen. Ein Mitglied der Schiffsbesatzung versuchte, das Brandnest durch Aufwerfen von Schwefel zu ersticken. Er konnte sich aber nur wenige Augenblicke im Raum aufhalten und mußte wegen der Gase fluchtartig den Rückzug antreten. Der Einsatz mehrerer Wasserschläuche vom obersten Deck aus blieb wirkungslos, weil der Schwefel das Wasser nicht annahm. Erst nach Abdecken der ganzen Ladung mit einer dichten Schaumschicht gelang es, das Feuer abzulöschen.

3. Kurze Zeit nach der Ankunft eines Frachtdampfers im Löschhafen wurde festgestellt, daß aus einem Lüfter des Laderaumes 4 Rauch herausdrang. Die Schiffsleitung ließ sofort Feueralarm anschlagen und benachrichtigte die Hafenbehörde und die Landfeuerwehr. Da die Luken geschlossen waren, wurden die Lüfter der Laderäume 4 und 5 abgedichtet, um das Feuer durch Abschneiden der Luftzufuhr zu ersticken. Ein Vorstoß in den Raum 4 mit Hilfe von Atemschutzgerät ergab, daß der Raum mit dichtem Rauch angefüllt war. Die Räume 4 und 5 wurden unter Dampf gesetzt. Da nach einigen Stunden festgestellt wurde, daß die Außenhaut sich an einer Stelle stark erhitzte und hier etwa 300 Säcke mit Paraffin lagen, wurde der Raum 4 durch die Lenzleitung geflutet.

Um die Dockanlagen und die anderen Schiffe nicht zu gefährden, wurde das Schiff nach einem abseits liegenden Hafen verholt. Da auch das Fluten des Raumes 4 nicht zu einem Erfolg führte und das Feuer an Heftigkeit zunahm, wurde die Luke 4 geöffnet und das Feuer vom Deck aus mit 13 Rohren bekämpft. Das Schiff erlitt durch die eingepumpten Wassermengen starke Schlagseite und drohte zu kentern. Durch Aufsetzen des Vorderstevens auf Grund gelang es, diese Gefahr zu beseitigen.

Inzwischen hatte sich das Feuer auch auf den Laderaum 5 ausgedehnt. Um bei dieser Sachlage Schiff und Ladung zu retten und um vor allen Dingen zu verhindern, daß das Feuer auf den Maschinenraum und die gefüllten Bunker sowie die leicht brennbare Isolierung der Kühlräume übergriff, beschloß die Schiffsleitung, sämtliche Räume des Hinterschiffes mit allen Mitteln zu fluten. Durch Notsignale wurden sämtliche geeigneten Schlepper des Hafens herbeigerufen, so daß schließlich das Feuer mit 26 Schlauchleitungen bekämpft wurde. Zur endgültigen Ablöschung mußten die Räume 4 und 5, der Proviantraum und die Kühlräume gänzlich unter Wasser gesetzt werden. Nach 14stündiger Arbeit war die Brandbekämpfung beendet.

4. Während der Reise eines Frachtschiffes, dessen Ladung überwiegend aus Salpeter, daneben auch Baumwolle, Erz und dergl. bestand, wurde im Wellentunnel ein gelblicher Rauch bemerkt. Es wurden sofort die Schotten geschlossen und die Brücke benachrichtigt. Die Schiffsleitung gab Feueralarm. Bevor Löschmaßnahmen einsetzen konnten, flog die Luke von Raum 5 unter großem Getöse und unter Stichflammenbildung in die Luft. Noch während des Versuchs, die Dampflöschleitung zu dem Raum 4 anzusetzen, flog auch die Luke 4 unter Explosionserscheinungen in die Luft. Das Achterschiff mußte schnellstens von allen Leuten geräumt werden. Die Schiffsleitung ließ durch FT Hilferufe geben. Die Steuerbordboote mußten zu Wasser gebracht werden, um nicht vom Feuer erfaßt zu werden. Zwischen der Meldung aus der Maschine und dem Hochfliegen der Lukendeckel war kaum 1 Minute verstrichen. Wirksame Löschmaßnahmen konnten nicht mehr getroffen werden, obwohl noch versucht wurde, das Feuer mit Wasserstrahlen anzugreifen. Die Rauchbildung war sehr heftig. Gleichzeitig entstanden hohe Stichflammen, aus denen ein glühender Salpeterregen auf das Deck niederfiel. Da es unmöglich war, sich an Bord aufzuhalten und es aussichtslos erschien, das Feuer niederzuringen, ging die ganze Besatzung in die Boote und legte vom Schiff ab. Auch nach dem Verlassen des Schiffes ereigneten sich wiederholt Explosionen mit hohen Stichflammen. Nach einigen Stunden ging die Besatzung wieder an Bord zurück, da das Feuer sich noch immer auf das Achterdeck beschränkte. Eine Untersuchung ergab, daß Maschinen- und Heizraum sowie das Vorderschiff vom Feuer verschont waren. Das Schiff konnte die Reise fortsetzen, wobei gleichzeitig sämtliche Bordmittel zur Brandbekämpfung eingesetzt wurden. Durch Einsatz zahlreicher Schläuche gelang es, zuerst in Luke 4 und einige Stunden später auch in Luke 5 die noch vorhandenen Reste des Feuers abzulöschen.

5. Ein Frachtschiff hatte vorwiegend Chilesalpeter, Baumwolle, Baumwollsaatkuchen und dergl. geladen. Während der Reise wurde festgestellt, daß aus einem Lüfter des Laderaumes 1 Rauch emporstieg. Zugleich wurde Brandgeruch wahrgenommen. Wenige Augenblicke später drang dicker Rauch aus allen Lüftern. Die ganze Besatzung wurde alarmiert. Kaum war alles an Deck, als auch schon die Luke 1 in die Luft flog. Aus dem Raum 1 schoß unter starker Rauchentwicklung eine bis zur Mastspitze reichende Stichflamme. Auf das Schiff fiel ein Regen von glühendem Salpeter nieder, der Sonnensegel, die Persenninge der Boote und teilweise auch die Kleider der Besatzung entzündete. Die Löschversuche unter Vornahme von Schläuchen mußten daher eingestellt werden. Die Schotten waren inzwischen geschlossen

und die Maschine gestoppt. Die Boote waren klargemacht. Das Feuer dehnte sich wenige Augenblicke später auf den Raum 2 aus, und zwar unter gleichen Erscheinungen, wie sie vorher bei Raum 1 beobachtet wurden. Bald darauf wurde auch der Raum 3 vom Feuer erfaßt. Das Schiff stand jetzt in einem derart dichten Regen von glühendem Salpeter, daß ein weiterer Aufenthalt unmöglich wurde. Die Besatzung mußte in die Boote gehen und das Schiff verlassen. Auf die vorher abgegebenen Notsignale traf nach einigen Stunden Hilfe ein. Die Besatzung ging jetzt auf das brennende Schiff zurück, um die Löschversuche fortzusetzen. Dieses war aber nicht möglich, weil die Pumpen nicht angestellt werden konnten. Heizraum und Flurplatten waren etwa 0,5 m hoch mit Salpeterschlacke bedeckt und durch das Heizraumschott strömte Wasser in den Raum hinein. Die Löschversuche mußten aufgegeben werden und die Besatzung verließ erneut das Schiff. Wahrscheinlich war die Außenhaut des Schiffes durch die starke Wärmeentwicklung leckgesprungen, so daß immer mehr Wasser in das Schiff hineindrang. Etwa 11 Stunden nach dem Bemerken des Brandes sank das Schiff.

6. Während der Reise eines Frachtschiffes bemerkte ein neben der geschlossenen Luke Nr. 5 stehender Matrose, daß das eiserne Deck plötzlich heiß wurde und aus einem Ventilator dichter Rauch drang, dem eine Stichflamme folgte. Gleichzeitig wurden die Lukendeckel hochgeschleudert. Aus dem Raum schoß eine Stichflamme bis zur Mastspitze hoch, die schlagartig das ganze Vorschiff und die Mittschiffsaufbauten bis zur Brücke entzündete. Die auf der Brücke befindlichen Menschen suchten vergeblich Schutz im und hinter dem Kartenhaus, sie erlitten schwere Brandverletzungen.

Die Rettungsboote wurden sofort klargemacht, das Handruder eingeschiftet und das Schiff vor den Wind gelegt, damit der Rauch nach vorn abziehen konnte. Gleichzeitig gingen 2 Feuerstoßtrupps gegen das in Flammen stehende Bootsdeck und die Brücke vor, um die Ausdehnung des Feuers über das ganze Schiff zu unterbinden. Der Feuerstoßtrupp der Maschine griff das Feuer im eigentlichen Brandraum (Laderaum 3) an. Kurz darauf wurde durch den einem Lüfter entströmenden Rauch festgestellt, daß das Feuer sich auch auf den Raum 2 ausgedehnt hatte. In größter Eile wurde dieser Raum abgedichtet und unter Dampf gesetzt. In den Kajütsräumen mußte ebenfalls ein Schlauch zur Feuerbekämpfung vorgenommen werden.

Nach etwa 36stündiger Arbeit waren die Hauptbrandherde niedergekämpft. Die endgültige Ablöschung erfolgte erst einige Tage später durch Fluten der Räume 2 und 3 im Hafen.

Mehrere Mitglieder der Besatzung erlitten schwere Brandwunden. Ein Mann erlag den Verletzungen. Ein weiterer Mann zog sich bei den Nachlöscharbeiten im Laderaum eine tödliche Gasvergiftung zu.

Die Ursache des Feuers und seine schnelle Entwicklung ist auf eine Entzündung von etwa 100 Holzkisten zurückzuführen, die im Laderaum 3 untergebracht und mit Zellhornabfällen gefüllt waren. Der Anlaß zu dieser Entzündung konnte nicht ermittelt werden.

7. Während der Reise wurde auf einem Frachtdampfer ein Feuer im Laderaum in der überwiegend aus Jute und Baumwolle bestehenden Ladung festgestellt. Aus den Raumventilatoren drang Rauch hervor. Nach Abdichtung aller Lüfter, Luken und dergl. wurde der Raum unverzüglich unter Dampf gesetzt. Um die Ladung möglichst wenig zu beschädigen, wurde gleichzeitig eine provisorische Kohlensäure-Feuerlöschanlage gebaut und der Inhalt der an Bord vorhandenen 9 Flaschen Kohlensäure nach und nach im Laufe einiger Stunden durch ein Dampffeuerlöschrohr in das Zwischendeck und den Unterraum entleert. Die Dampfzufuhr war vorher abgestellt. Zur Sicherheit wurden alle Öffnungen der beiden Nachbarräume abgedichtet. Während des weiteren Reiseverlaufes blieben der Brandraum und die beiden angrenzenden Räume ständig dicht verschlossen. Die Brandentwicklung wurde durch alle 2 Stunden erfolgende Temperaturmessungen verfolgt. Die Temperatur, die vor der Einführung der Kohlensäure an verschiedenen Stellen des Raumes zwischen 50° und 70° C gemessen wurde, fiel innerhalb von 24 Stunden auf etwa 20° bis 25° C und blieb annähernd auf dieser Höhe stehen. Geringe Schwankungen traten in Übereinstimmung mit der wechselnden Außentemperatur auf. Nach einigen Tagen konnte in einem Zwischenhafen der Kohlensäurevorrat erneuert werden. Während der weiteren Reise wurden zur Sicherheit täglich 2 Flaschen mit Kohlensäure in den Raum entleert. Nach 20tägiger Fahrt wurden bei Ankunft in einem Hafen erstmalig die Luken des Brandraumes geöffnet. Nach mehrstündiger Lüftung begannen die Löscharbeiten. Sie wurden aber nach zweistündiger Tätigkeit eingestellt, weil erneut Rauch aus der Ladung emporstieg. Der Raum wurde wiederum abgedichtet und Kohlensäure zugeführt. Unter ständigen Temperaturmessungen wurde die Reise fortgesetzt und nach 7 Tagen der Heimathafen erreicht. Nach Öffnen der Luken wurde sofort mit starken Kräften die Ladung aus dem Brandraum und den benachbarten Laderäumen gelöscht, und zwar dort beginnend, wo sich in dem Zwischenhafen die erste Rauchentwicklung gezeigt hatte. Nach 4 Stunden Löscharbeit trat auch jetzt wieder an dieser Stelle Rauch aus den Baumwollballen heraus. Die Luken wurden nochmals geschlossen und nach sofortiger Abdichtung etwa 1000 kg Kohlensäure in den Raum geschickt. Die Temperatur, die nach dem Öffnen der Luken bis auf etwa 100° C anstieg, fiel im Laufe der nächsten 24 Stunden auf etwa 28° C. Das Löschen wurde dann mit allen Kräften fortgesetzt. Wegen der starken Anreicherung der Raumluft mit Kohlensäure konnte diese Arbeit naturgemäß nur unter dem Schutz von Sauerstoffgeräten durchgeführt werden. Es gelang nach

mehrstündiger Arbeit trotz sich zeigender Rauchentwicklung den Brandherd freizulegen. Nur für wenige Augenblicke mußte zur Dämpfung des Feuers Sprühwasser auf den Brandherd geführt werden. Der eigentliche Ursprungsherd des Feuers lag etwa 1 m oberhalb der Tankdecke. Von hier aus war eine nach oben sich kraterähnlich auf etwa 3 m Durchmesser erweiternde Ladungszerstörung festzustellen, die dicht unterhalb des Zwischendecks aufhörte.

Durch den zweckmäßigen Einsatz von Kohlensäure und das folgerichtige Verhalten während der Reise und beim Löschen der Ladung war es gelungen, das Feuer innerhalb eines großen mit Jute und Baumwolle gefüllten Laderaumes während der Reise niederzuhalten und anschließend abzulöschen, ohne dabei eine nennenswerte Ladungsbeschädigung hervorzurufen.

Brände in den Maschinenräumen.

1. Während der Liegezeit im Hafen wurden im Maschinenraum eines Fahrgast-Motorschiffes Überholungsarbeiten ausgeführt. Dabei liefen geringe Mengen von Dieselöl aus einer losgenommenen Rohrleitung heraus, gelangten auf die ca. 300° C heiße Abgasleitung des Hilfsdiesels und entzündeten sich daran. Durch dies an sich geringfügige Feuer wurden sofort die Kabel der Hauptschalttafel in Mitleidenschaft gezogen, so daß das Licht und alle elektrischen Pumpen ausfielen. Durch Einschalten der Notdynamo brannte nach 10 Minuten wieder das Licht. Die Schiffsbesatzung war aber nicht in der Lage, die Brandbekämpfung aufzunehmen, weil sämtliche Löscheinrichtungen im Bereich des Feuers lagen. Die Landfeuerwehr konnte in einstündiger Tätigkeit mit mehreren Schaumleitungen das Feuer ablöschen.

2. Auf einem Motor-Frachtschiff entstand während der Reise aus nicht geklärter Ursache ein Feuer im Maschinenraum, das sehr bald den gesamten Maschinenraum erfaßte. Die sofort eingesetzten Abwehrmaßnahmen, Ersticken des Feuers durch Schließen der Maschinenraumoberlichter, Vornehmen von Wasserschläuchen usw. blieben ohne Erfolg. Das Feuer nahm schnell an Ausdehnung zu. Der im Maschinenraum befindliche Tagestank wurde undicht, sein Inhalt trug damit wesentlich zu der starken Entwicklung des Feuers bei. Nachdem die Besatzung wegen der bestehenden Explosionsgefahr das Schiff verlassen hatte, dehnte sich das Feuer im Laufe einiger Stunden auf das ganze Hinterschiff aus. Auch nach vorne hin wurde durch das wasserdichte Schott der angrenzende Lagerraum entzündet. Erst nach etwa 24 Stunden erlosch das Feuer, nachdem alles brennbare Gut vernichtet war.

3. Auf einem größeren Fahrgastschiff entstand während der Reise im Hauptmaschinenraum eine Undichtigkeit in einer Öldruckleitung. Das ausspritzende Öl traf auf heiße Maschinenteile und entzündete sich

sofort. Der ganze Maschinenraum war mit Flammen erfüllt und mußte vorübergehend verlassen werden. Die elektrische Beleuchtung fiel aus, konnte aber nach Anwerfen der Notdynamo wieder eingeschaltet werden. Der Betriebsgang und größere Teile der Fahrgasträume waren völlig verqualmt. Wegen der unübersehbaren Lage wurden die Fahrgäste geweckt und in den größeren Sälen gesammelt. Durch das Küchen- und Bedienungspersonal wurden die Rettungsboote ausgeschwungen und zum Fieren vorbereitet.

Die Feuerstoßtrupps waren inzwischen mit Atemschutzgeräten durch den Wellentunnel zum Hauptmaschinenraum vorgedrungen. Nach Einsatz der Notlenz-Feuerlöschpumpe gelang es, den im Wellentunnel eingebauten Schaumerzeuger in Betrieb zu nehmen und das brennende Öl soweit abzulöschen, daß ein Betreten des Hauptmaschinenraumes möglich war. Zur Unterstützung des Löschangriffs wurde zu gleicher Zeit vom Kesselraum aus ein weiterer Feuerstoßtrupp eingesetzt.

Nach Niederkämpfung des Hauptölbrandes wurden die zahlreichen kleineren Brandnester im Maschinenraum mit 4 Wasserrohren abgelöscht. Das Feuer hatte sich inzwischen auf ein Passagierdeck ausgedehnt. Es gelang hier aber durch Wegreißen der Kammerwandverkleidung, den Brandherd noch während des Entstehens abzulöschen.

Nach etwa fünfstündiger angestrengter Löscharbeit war das Feuer völlig niedergerungen.

Brände in Kühlräumen.

1. Zum Austrocknen der aus Torfoleum bestehenden Isolierung des Proviantkühlraumes auf einem Frachtdampfer wurden mehrere Kokskörbe in den Kühlräumen aufgestellt und angezündet. Durch die strahlende Wärme wurde die hinter einem Zementputz liegende Isolierung entzündet. Das Feuer machte sich durch stärkste Rauchbildung sehr bald bemerkbar. Wegen der tief im Schiffsinnern liegenden Kühlräume war die Luftzufuhr sehr ungünstig. Eine Annäherung an den Brandherd war nur mit Atemschutzgerät möglich. Es wurde versucht, in den brennenden Kühlraum vorzudringen und durch Losschlagen des Zementputzes an den dahinter liegenden Brandherd zu gelangen. Trotz mehrstündiger Arbeit wurde ein Erfolg nicht erzielt. Die Hitze nahm immer mehr zu, so daß schließlich der Aufenthalt im Kühlraum auch mit Atemschutzgerät unmöglich wurde. Das Feuer konnte nur durch Fluten der Kühlräume abgelöscht werden.

2. Im Hafen entstand auf einem Frachtschiff in einem unter Deck liegenden Gang, der zu den Kühlräumen (Torfoleumisolierung) führte, ein Feuer in dort aufgestapelten alten Holzkisten. Trotzdem das Feuer sofort bemerkt und von der Besatzung mit 4 Rohren angegriffen wurde, dehnte es sich sehr bald auf die angrenzende Isolierung der Proviantkühlräume aus. Dadurch wurde die Rauch- und Wärme-

entwicklung so stark, daß die unmittelbare Bekämpfung des neuen Brandes durch Abreißen der Kühlraumisolierung unmöglich wurde. Um das Löschwasser an die brennende Torfisolierung zu bringen, wurden auf der Außenwand des Kühlraumes Löcher seitlich und oberhalb des durch die Wärmebildung festgestellten Brandherdes gebohrt und der dahinter liegende Raum mit Wasser aufgefüllt. Auf diese Art konnte das Feuer nach mehrstündiger Arbeit gelöscht werden.

Brände auf Tankschiffen.

1. Bei der Ausführung von Brennarbeiten entzündeten sich Ölreste im Pumpenraum. Der Raum war sofort mit dichten, schwarzen Rauchgasen angefüllt. Die beiden dort befindlichen Arbeiter mußten in größter Eile den Pumpenraum verlassen, sie erlitten dabei erhebliche Brandwunden. Ein mit 2 Wasserschläuchen vorgetragener Löschangriff war erfolglos. Auch der anschließende Einsatz von Schaum blieb ohne Wirkung, vermutlich gelangte der Schaum nicht auf die brennende Ölfläche. Es wurden dann das Oberlicht, die Türen und die Ventilatoren dicht verschlossen und der Pumpenraum 1¼ Stunden hindurch unter Dampf gesetzt. Dann wurde ein erneuter Vorstoß in den mit dichtem Rauch erfüllten Raum unternommen. Unter Einsatz von 2 Atemschutzgeräten gelang es, nach unten vorzustoßen und einige Brandnester mit Wasserschläuchen abzulöschen.

2. Ein Tankdampfer löschte Petroleum mit eigenen Dampfpumpen. Die Kessel waren im Betrieb. Nach dreistündiger Pumparbeit entstand in der Drucköllleitung eine Undichtigkeit. Das ausströmende Petroleum floß, ehe es bemerkt wurde, in großen Mengen in den Kesselraum und entzündete sich sofort. Der ganze Kesselraum stand plötzlich in Flammen. Ein Ablöschen des Feuers war mit Bordmitteln nicht möglich, weil alle Löschgeräte und Löscheinrichtungen im Bereich des Feuers lagen. Das Feuer konnte erst nach dreistündiger Arbeit durch die Landfeuerwehr gelöscht werden.

3. Infolge Undichtigkeit eines Klaröltanks gelangten geringe Ölmengen auf den Auspufftopf und entzündeten sich dort. Trotz Einsatz von Schaumstrahlen gelang es dem Maschinenpersonal nicht, das Feuer abzulöschen, weil dem Brandherd aus dem undichten Tank ständig neues Öl zugeführt wurde. Durch die starke Erhitzung wurden weitere Tanks trotz dauernder Wasserkühlung undicht, so daß der Maschinenraum verlassen werden mußte. Das Feuer breitete sich auf das Hinterschiff aus, dort brannten die Aufbauten, Decksplanken und Boote. Durch Ausfall der Hauptmaschine versagte sehr bald auch die FT-Station, es stand nur noch der Notsender zur Verfügung. Das Feuer griff auf die angrenzenden Ladungstanks über und kam erst an einem mit Wasser gefüllten Kofferdamm zum Stehen. Nach etwa 40 stündiger Dauer ließ die Gewalt des Feuers allmählich nach, da ihm an weiterer Nahrung zu mangeln begann.

See-Berufsgenossenschaft.   Hamburg, August 1935.

Grundsätze
für die Prüfung als Feuerschutzmann
und für die Ausführung der Feuerschutzübungen
(§§ 76 und 76 a Unfallverhütungsvorschriften für Dampf- und Motorschiffe; § 27 a des Anh. II der Fahrgastschiffverordnung)

I. Zulassung zur Prüfung:

Zur Prüfung als Feuerschutzmann kann jeder deutsche Seemann zugelassen werden, der mindestens 20 Jahre alt ist und eine 24 monatige Seefahrtzeit nachweist.

II. Meldung:

Die Prüflinge sind durch ihre Reederei bei der Hauptverwaltung der See-Berufsgenossenschaft oder deren Sektionen II in Bremen oder V in Stettin unter Einreichung einer Liste anzumelden, aus der Dienstgrad, Vor- und Zuname, Geburtsort und Geburtstag sowie Ausstellungsort und -tag ihres Seefahrtsbuches ersichtlich sind. Die Seefahrtsbücher sind möglichst beizufügen. Beim Fehlen eines Seefahrtsbuches ist der Nachweis der bisherigen Seefahrtszeit und des Alters in anderer, amtlich beglaubigter Form zu erbringen. Es sind mindestens 5 Prüflinge zusammen für eine Prüfung anzumelden.

III. Prüfung:

a) Aufsicht: Die Prüfung erfolgt an Bord eines Ausbildungsschiffes oder eines anderen Schiffes unter Aufsicht und Oberleitung eines hierfür bestimmten technischen Aufsichtsbeamten der See-Berufsgenossenschaft. Dieser hat sich vor Beginn der Prüfung von der Identität der zur Prüfung angetretenen Mannschaften mit den auf der Reederei-Liste angeführten und durch ihr Seefahrtsbuch ausgewiesenen Personen zu überzeugen. Mehr als 10 Prüflinge sollen nicht zu gleicher Zeit geprüft werden. Der die Prüfung abhaltende Aufsichtsbeamte hat die Verpflichtung und Berechtigung, bei der Prüfung selbst Fragen zu stellen und Manöver anzuordnen.

b) Ausführung: Die Durchführung der praktischen Prüfung liegt regelmäßig in den Händen eines von der beantragenden

Reederei bestimmten Kapitäns oder Offiziers, der auch die Verantwortung für die nötigen Sicherungsmaßnahmen trägt. Die für die Prüfung benutzten Geräte und Einrichtungen müssen sich in einwandfreiem und brauchbarem Zustande befinden.

IV. Prüfungsordnung:

Die Prüfung hat nach folgender Ordnung zu erfolgen:

a) Die Aufstellung der Prüflinge geschieht ohne Geräte, Schläuche, usw. an einem vorher bestimmten Platz in Gruppen von je 5 Mann (Feuerschutztrupp).

b) In dieser Aufstellung erfolgt eine **mündliche Prüfung aller Prüflinge** über die Einzelheiten des Feuerschutzes. Diese erstreckten sich auf:

1. Feuerverhütung (Maßnahmen und Einrichtungen an Bord, — Schiff und Maschine — um den Ausbruch eines Feuers zu verhüten — feuergefährliche Materialien, Farbanstriche, Selbstentzündung, Wachdienst usw.—).
2. Feuererkennung (Wärme- und Rauchentwicklung, Rauch- und Feuermeldeeinrichtungen).
3. Feuerbegrenzung (Schotten, Schließen von Türen und Fenstern, Schutz gefährdeter Nebenräume usw.).
4. Feuerbekämpfung (Kenntnis und Handhabung aller an Bord vorgesehenen Löscheinrichtung und Verfahren, Art der Bekämpfung, Arten der Schiffsbrände, Aufgaben des Feuerschutztrupps).
5. Bergung Verunglückter.

c) Darauf beginnt die praktische Prüfung mit dem Befehl: **„Klar zum Feuermanöver!"** Die angenommene Brandstelle wird dem als Truppführer mitwirkenden Offizier oder Prüfling bekanntgegeben. Die einzelnen Nummern des Feuerschutztrupps führen die ihnen zufallenden vorbereitenden Arbeiten aus Nr. 1: Strahlrohr, Nr. 2: Axt und Kuhfuß, Nr. 3: Stutzenschlüssel, Nr. 4: 2 Reserveschläuche, Nr. 5: legt Atemschutzgerät an, Nr. 3: hilft hierbei.

1. **„Schlauch vor!"** Der Truppführer begibt sich schnellstens an die Brandstelle, — nötigenfalls mit Atemschutzgerät — und leitet die Brandbekämpfung ein (Abschließen von Zugluft, Absuchen der Kammern, Entfernung Gefährdeter). Nr. 1 kuppelt mit Nr. 2 Strahlrohr an Schlauch, rollt Schlauch ab, 1 und 2 gehen vor. Nr. 3 stellt sich am Wasserpfosten auf; Nr. 4 hält Reserveschläuche in Bereitschaft; Nr. 5 wartet Befehl zum Vorgehen ab.

2. **„Wasser-Marsch!"** Nr. 3 öffnet auf diesen Befehl das Ventil. Der Truppführer sorgt für zweckmäßigen Einsatz der Abwehrkräfte, Aufrechterhaltung der Verbindung zur Brandstelle und Bereitstellung weiterer Abwehrgeräte, Nr. 3 sorgt für Klarhalten der Schläuche, Nr. 5 übernimmt ggf. die Schlauchführung an der Brandstelle. Die eigentliche Brandbekämpfung wird durchgeführt.

3. **„Wasser-Halt!"** Nr. 3 schließt das Ventil, die Brandstelle wird verlassen, Nr. 5 legt Atemschutzgerät ab, alle Nummern rollen die benutzten Schläuche wieder auf, legen ihre Geräte weg und stellen sich in der vorherigen Ordnung wieder auf.

4. Die gesamte Übung ist nunmehr in einer anderen Ordnung des Feuerschutztrupps (gewechselte Nummern) zu wiederholen, um sicherzustellen, daß jeder Prüfling mit den verschiedenen Obliegenheiten (auch denen des Truppführers) vertraut ist.

5. **Signale:** Für die Alarmierung des Feuerschutztrupps ist nötigenfalls das Signal F „F e u e r" (• • — •) zu verwenden.
   Beim Gebrauch von Sicherheitsleinen als Signalleinen gelten folgende Verständigungszeichen:
   1. eins — Pause — eins: "Alles wohl?" — "Alles wohl!"
   2. zwei — Pause — zwei: "Zurückkommen, Gefahr!" — "Komme zurück!"
   3. drei — Pause — drei: (vom Schlauchführer anzuwenden): "Wasser-Marsch!" bzw. „Wasser-Halt!"

d) Besprechung der Übung. Ergänzende Prüfungsfragen des Aufsichtsbeamten.

V. Ausstellung des Befähigungszeugnisses:

Nach bestandener Prüfung erhält jeder Prüfling ein von der See-Berufsgenossenschaft ausgestelltes Befähigungszeugnis als Feuerschutzmann, das von dem Geprüften eigenhändig zu unterschreiben ist. Die Gültigkeit des Zeugnisses erlischt mit Ablauf von 10 Jahren nach Ausstellung. Das Befähigungszeugnis kann vorher eingezogen werden, wenn der Inhaber bei einer Besichtigung (Feuerschutzübung) den Anforderungen nicht genügt.

VI. Regelmäßige Feuerschutzübungen:

Für die gemäß § 76 der Unfallverhütungsvorschriften für Dampf- und Motorschiffe regelmäßig abzuhaltenden Feuerschutzübungen im Schiffsdienst und die bei den Besichtigungen der Schiffe durch die See-Berufsgenossenschaft vorzunehmenden Feuerschutzübungen ist die unter IV gegebene Ordnung sinngemäß anzuwenden.

Die See-Berufsgenossenschaft.

See-Berufsgenossenschaft.

Hamburg, August 1938.

Richtlinien
für die
Durchführung des Feuerschutzes auf Fahrgastschiffen außerhalb der kleinen Küstenfahrt

nach Abschnitt VI, § 75 ff. der UVV. für Dampf- und Motorschiffe sowie für Segelschiffe außerhalb der kleinen Küstenfahrt.

A. Deck.

Feuerschotte in bewohnten Räumen.

Der Abstand zweier benachbarter Feuerschotte (§ 75a UVV.) darf 40 m nicht überschreiten. Die Feuerschotte müssen aus solchem Material hergestellt sein, daß sie während einer Stunde der einseitigen Einwirkung des Feuers und der Wärme bis zu einem Wärmegrad von 815° C widerstehen und auf der dem Feuer abgekehrten Seite während eines Brandversuchs nicht wärmer als 165° C werden.

Die Ausgestaltung der Feuerschotte muß von der See-Berufsgenossenschaft besonders genehmigt sein. Eiserne Schotte können nur dann als Feuerschotte anerkannt werden, wenn sie beiderseits mit geeignetem Material ausreichend bekleidet sind. Liegen auf einer Seite Baderäume und dergl. mit nicht brennbaren Einrichtungen, so genügt in solchem Falle eine einseitige Bekleidung.

Feuerschotte sind an den Türen durch die Aufschrift „Feuerschott" und, wo gut sichtbar, noch an weiteren Stellen durch ein 8 cm hohes rotes F zu kennzeichnen.

2. Türen in Feuerschotten.

Die Türkonstruktion muß von der See-Berufsgenossenschaft anerkannt sein. Ihre Widerstandskraft gegenüber dem Durchgang eines Feuers muß den an die Feuerschottwände gestellten Anforderungen entsprechen. Die Türen sind als selbstschließende Türen auszubilden. Sämtliche Feuerschottüren sind an eine auf der Kommandobrücke eingebaute zentrale Schließvorrichtung anzuschalten. Bei Betätigung eines Feuermelders müssen die Türen selbsttätig schließen. Außerdem muß jede Tür an Ort und Stelle geschlossen werden können.

Schiebetüren werden nur ausnahmsweise zugelassen; sie dürfen höchstens in Aufbauten, die nicht von Bord zu Bord gehen, durch Klappleisten verdeckt sein.

3. Treppenhäuser.

Für die Verkleidung von Wänden und Decken der Treppenhäuser muß ein nicht brennbares Material, z. B. Asbest-Zement, verwendet werden. Treppenhäuser sind rauchdicht gegen die angrenzenden Räume, Gänge usw. abzutrennen.

4. Türen in Treppenhäusern.

Die Türen in den Treppenhäusern sind entweder als selbstschließende Türen auszubilden oder mit der für die Feuerschotttüren erforderlichen zentralen Schließvorrichtung zu verbinden. Sie sind rauchdicht herzustellen und müssen die gleiche Widerstandskraft wie die Feuerschotte aufweisen. Die Türkonstruktion muß von der See-Berufsgenossenschaft genehmigt sein.

5. Gänge und Decken.

Für die Wände der Längs- und Quergänge von Kammern und Salons einschließlich der Türen in diesen Gängen muß ein nicht brennbares oder schwer entflammbares Material, z. B. ein Belag aus Asbest-Zement oder dergl., gewählt werden. Auf Deckenverkleidung ist möglichst zu verzichten, oder es muß ein nicht brennbares Material gewählt werden.

6. Oberlichter von Treppenhäusern und Gängen.

Die Scheiben von Oberlichtern müssen aus feuersicherem Glas (z. B. Drahtglas) bestehen.

7. Decks.

Sämtliche Decks in bewohnten Räumen müssen einen den Durchgang des Feuers hemmenden Belag z. B. 35 mm Steinholz, erhalten.

8. Rauchschotte in Schutzdecks.

In Laderäumen (§ 75 g UVV.) über dem Schottendeck müssen in Verlängerung der wasserdichten Schotte rauchdichte Schotte, z. B. aus 50 mm starkem schwer entflammbarem Holz, eingebaut werden, sofern die Eisenschotte nicht in diesen Decks fortgesetzt sind. Dies ist erforderlich, damit nicht Dampf und Kohlensäure als Feuerlöschmittel sich über größere Teile des Schutzdecks usw. ausbreiten können. Die Vermessungsöffnungen dieser Schotte müssen in gleicher Weise abgedichtet werden. Wo sich der Raum über 2 Luken ohne Zwischenschotte erstreckt, ist für die Bemessung des CO_2-Vorrats der Raum zugrunde zu legen, der aus 2 Unterdeckräumen und dem über dem Schottdeck über 2 Ladeluken sich erstreckenden Raum besteht.

9. Kohlensäure-Feuerlöschanlagen.

Die Anlagen müssen so aufgestellt sein, daß sie nicht vom Feuer abgeschnitten werden können, also in erster Linie mit Zugang vom freien Deck. Je nach Lage sind die Decks und auch die Seitenwände entsprechend den Vorschriften für die FT-Stationen herzustellen. Liegt die Anlage im Innern des Schiffes (vergl. Notdynamo), so muß sie von 2 Seiten, die nicht zugleich vom Feuer ergriffen werden können, zugänglich sein. Eine Tür nach einem Gang zu genügt also nicht. Nach der Montage ist die Anlage mit Wasser oder Kohlensäure zu prüfen; eine Prüfung mit Druckluft allein genügt nicht.

10. Lüftung.

Die künstliche Lüftung muß sich für jeden von Feuerschotten umgebenen Raum von einer außerhalb dieses Raumes liegenden Stelle einzeln an- und abschalten lassen. Die Schalter sind deutlich zu kennzeichnen.

Kanäle der Lüftungseinrichtungen dürfen nicht durch feuersichere Schotte hindurchgeführt werden.

11. Küchenschornsteine und -luftschächte.

Schornsteine und Luftschächte zur künstlichen Entlüftung der Küchen und ähnlicher Räume müssen gegen die hölzernen Bauteile, durch die sie hindurchgehen, wirkungsvoll isoliert werden. Sie dürfen nicht mit scharfen Knicks verlegt werden. Entlüftungsschächte müssen auf etwa 3 m Entfernung vom Raum aus zu reinigen sein.

12. Fahrstuhlschächte und dergl.

Fahrstuhlschächte und ähnliche vertikal im Schiffsinnern liegende Schächte müssen aus Eisen bestehen und dürfen im Innern nicht mit brennbarem Material verkleidet werden. Sie sind im Innern mit einem nicht brennbaren Farbanstrich zu versehen.

13. Anstrich.

Farben, Lacke und Polituren, die nach dem Erhärten noch leicht brennen, dürfen an Bord nicht verwendet werden (s. § 67 UVV.).

14. Wandbekleidungen.

Wo auf Wandbespannungen nicht verzichtet werden kann, dürfen sie nur aus schwer brennbaren Stoffen bestehen.

15. FT-Station.

Bei Anordnung der FT-Station (s. § 108 UVV.) ist darauf Rücksicht zu nehmen, daß sie bei Entstehung eines Feuers möglichst lange erhalten bleibt. Der Fußboden der FT-Station ist deshalb mit 50 mm Steinholz zu belegen. Falls die Station nicht frei auf Deck steht, sondern in die Fahrgasteinrichtungen eingebaut ist, sind die Wände entsprechend der Feuerschottkonstruktion zu isolieren; neben der üblichen Tür ist eine möglichst entgegengesetzt liegende Nottür vorzusehen. Ist auf einem Rettungsboot eine FT.-Anlage eingebaut, so gilt diese als Reserve für die Hauptanlage. Das Boot ist dementsprechend in größtmöglichem Abstand von der Haupt-FT-Station aufzustellen.

16. Lichtspielanlagen.

Die Richtlinien der See-Berufsgenossenschaft vom April 1934 für Lichtspielanlagen an Bord von Schiffen sind zu beachten. Ist ein Vorraum mit 2 Türen beim Bildwerferraum vorhanden, so muß eine Tür nach außen und eine nach innen schlagen.

17. Abstellräume.

Wände, Decken und Türen müssen schwer entflammbar hergestellt werden. Für die Aufbewahrung von ölhaltigen Lappen, Mops usw. sind Blechbehälter mit dichtschließenden Scharnierdeckeln vorzusehen.

18. Handfeuerlöscher.

In den Wohn- und Aufenthaltsräumen ist eine ausreichende Zahl von möglichst einheitlichen Handfeuerlöschern (§ 75 d UVV.) ständig betriebsfähig bereitzuhalten. Die Handfeuerlöscher müssen einen Inhalt von etwa 10 Liter Wasser haben, in der Art ihrer Inbetriebnahme übereinstimmen und von der See-Berufsgenossenschaft zugelassen sein. Für besondere Gefahrenpunkte (Küchen mit Ölfeuerung, FT-Station und Schaltstationen) sind CO_2 (Kohlensäure)-Trockenfeuerlöscher bereitzuhalten. Für Motorboote sind auch kleine 2-Liter-Tetralöscher zulässig.

Auf allen Löschern muß die Art des Inhalts angegeben und eine kurze Bedienungsanweisung angebracht sein. Bei Aufhängung im Freien müssen frostsichere Löscher, die als solche besonders gekennzeichnet sein müssen, benutzt werden. Reservefüllungen sind je nach Länge der Reise und Zahl der Feuerlöscher vorzusehen.

19. Feuerlöschleitungen und Schläuche.

Feuerlöschleitungen (§ 75 f UVV.) sind möglichst im ganzen Umfang frostsicher zu verlegen. Frostgefährdete Leitungen sind zweckmäßig in einer besonderen Gruppe zusammenzufassen und so anzuordnen, daß die Entwässerung von einer Stelle aus (z. B. durch ein Ventil) erfolgen kann. Leckschrauben sind möglichst zu vermeiden; ihr Durchmesser darf 6 mm nicht übersteigen. Auf Schiffen mit mehr als 500 Fahrgästen ist zur Sicherstellung der Wasserversorgung die Feuerlöschleitung als Ringsystem auszubilden.

Schläuche sind in solcher Anzahl vorzusehen, daß die vorgeschriebenen 2—6 Wasserstrahlen (bei mehr als 1000 Fahrgästen 10 Wasserstrahlen) bei einem Mündungsdruck von 3½ atü auch nach den vorderen und hinteren Schiffsräumen abgegeben werden können.

Als Schlauch- und Strahlrohr-Kupplungen sind ausschließlich 52- oder 75 mm-Storzanschlüsse zu verwenden.

Feuerlöschschläuche und Strahlrohre dürfen nicht in verschließbaren Kästen untergebracht werden, sie sollen vielmehr möglichst frei in den Gängen der offenen Nischen und dergl. hängen. Wo Türen angebracht oder Kästen verwendet werden, dürfen diese nicht verschließbar sein; sie müssen die Aufschrift „Feuerlöschschläuche" tragen. Mündung der Strahlrohre 12 mm Durchmesser. Für die Hälfte der Strahlrohrmündungen sind besondere Sprühstrahlmundstücke vorzusehen.

Die Strahlrohre müssen fest an die Schläuche gekuppelt sein. Bei jedem Wasserstutzen ist ein Schlauchschlüssel anzubringen (s. B 17). Die Länge der in den Kammerdecks bereitzuhaltenden Schläuche darf 15 m je Schlauch nicht übersteigen.

20. Frischluft- und Sauerstoffgeräte.

Zu der nach § 75 e UVV. vorgeschriebenen Ausrüstung, bestehend aus Frischluftgeräten und Sauerstoffgeräten, gehören eine Rettungsleine zum Anseilen, ein Paar Lederhandschuhe, eine schwere Feuerwehraxt, ein Messer mit feststehender Klinge, ein Extra-Schlauchschlüssel. Zum Sauerstoffgerät gehört noch ein besonderer Kopfschutz, z. B. Ledermütze.

21. Feuermeldeanlage.

Die nach § 75 c Abs. 2 UVV. vorgeschriebenen Feuermelder (Klingelanlagen) sind mit Dauerbeleuchtung zu versehen. Bei Betätigung des Melders oder Störung in der Feuermeldeanlage muß die Beleuchtung des Melders selbsttätig abschalten.

22. Feuerwachraum.

Auf Schiffen mit mehr als 500 Fahrgästen ist ein besonderer Raum für eine Feuerwache mit Zugang von der Kommandobrücke einzubauen.

23. Schiffe im Dock.

Für Schiffe, die im Dock liegen, muß die Versorgung mit Wasser zum Feuerlöschen vom Dock aus gesichert sein.

B. Maschine.

1. Elektrische Anlagen und Kabelverlegung.

Auf Schiffen mit mehr als 500 Fahrgästen sind 2 voneinander unabhängige mit eigenem Antrieb ausgerüstete und durch wasserdichte Feuerschotte getrennte Lichtmaschinenanlagen vorzusehen. Die Anlagen brauchen nicht gleich groß zu sein, doch soll die kleinere nicht weniger als ein Drittel der Gesamtanlage betragen.

Die gesamte Schalttafelanlage ist so aufzustellen, daß über derselben keine ölführenden Leitungen und Behälter vorhanden sind. Wo sich dies nicht ermöglichen läßt, muß eine Schutzüberdachung eingebaut werden.

Es dürfen nur elektrische Heizapparate in den Wohn- und Aufenthaltsräumen eingebaut werden, wenn die Temperatur der äußeren Strahlungsfläche 85° C nicht übersteigt. Die Bekleidungskästen müssen abgeschrägt sein. Kleiderhaken dürfen nicht in der Nähe von elektrischen Heizapparaten angebracht sein. Kabelkanäle und dergl. müssen beiderseits der Feuerschotte 15 cm weit mit einem unverbrennlichen wärmeisolierenden Material dicht ausgefüllt werden.

2. Notdynamomaschine.

Die Notdynamo muß so bemessen sein, daß sie genügend Strom für Notbeleuchtung und die FT-Anlage liefert. Bei entsprechender Vergrößerung kann sie auch zum Antrieb einer Feuerlösch- oder einer Notlenzpumpe benutzt werden. Die Notdynamo soll Öl- und Kühlwasserbedarf von einer Stelle erhalten, die möglichst wenig durch Feuer gefährdet werden kann. Die Aufstellung ist so vorzunehmen, daß der Zugang auf jeden Fall frei bleibt, d. h. in erster Linie also vom freien Deck aus möglich ist. Wird die Notdynamo im Schiffsinnern untergebracht, so müssen 2 Zugänge von verschiedenen Seiten, die nicht gleichzeitig vom Feuer ergriffen werden können, also etwa in 2 verschiedenen Abteilungen angeordnet werden. In diesem Falle müssen Wände und Decks entsprechend den Anforderungen an FT-Stationen ausgebildet sein (vergl. A 9 Aufstellung von CO_2 [Kohlensäure]-Feuerlöschflaschen).

3. Oberlichter.

Oberlichter von Ölkesselräumen, Motorräumen und anderen Räumen, in denen sich Ölmotoren oder Öltanks befinden, müssen von außen schließbar sein und Scheiben aus feuersicherem Glas (z. B. Drahtglas) erhalten.

4. Maschinenschächte.

Die Schächte von Ölkesselräumen, Motorräumen und anderen Räumen, in denen sich Ölmotoren oder Tanks befinden, sind gegen die Wohnräume, Gänge, den Notdynamoraum und den CO_2-Flaschenraum, die Wirtschaftsräume usw. derart zu isolieren, daß sie während einer

Stunde der einseitigen Einwirkung des Feuers und der Wärme bis zu einem Wärmegrad von 620° C widerstehen. Dabei darf sich die dem Feuer abliegende Seite auf nicht mehr als 165° C erwärmen. Die Ausführung dieser Konstruktion muß von der See-Berufsgenossenschaft genehmigt werden. Seitliche Fenster in den Motorschächten sind zu vermeiden oder so einzubauen und mit feuersicherem Glas (z. B. Drahtglas) zu versehen, daß sie nicht geöffnet werden können.

5. Treppen.

Maschinen-, Motor- und Kesselräume müssen mindestens Ausgangsmöglichkeiten (s. § 22 UVV.) nach 2 Seiten haben, z. B. eine aus dem Raum an Deck und eine zweite in den benachbarten Raum — Hilfsmaschinenraum oder Tunnel — mit Verbindung nach Deck. Treppen müssen, wo dies irgendwie durchführbar ist, als bequeme Treppen mit 40° Neigung, auf denen man ohne Benutzung des Handgeländers herabgehen kann, ausgebildet sein und nicht so steil (60°), daß das Herabgehen mit Gefahr verbunden ist.

6. Anstrich.

Ölkesselräume, Motorräume und andere Schiffsräume, in denen sich Ölmotoren oder Öltanks befinden, müssen einen Anstrich mit einer Feuerschutzfarbe erhalten.

7. Abgasleitungen, Schornsteine.

Abgasleitungen und Schornsteine von Kesseln und Hilfskesseln sind so zu verlegen oder zu isolieren, daß bei einer Entzündung der in ihnen befindlichen Ölniederschläge usw. keine Übertragungsgefahr des Feuers auf andere Teile des Schiffes besteht (s. A. 11). Blinde Schornsteine und Lüfter, durch die eine große Zugwirkung hervorgerufen werden kann, müssen nach Art der Dämpferklappen eine Abschließmöglichkeit haben.

8. Öltanks.

Die Aufstellung größerer freistehender Ölbehälter in den Maschinenräumen oberhalb der Flurplatten ist zu beschränken. Soweit eine solche Aufstellung unvermeidbar, müssen die Tanks gegen Einwirkung von Feuer geschützt werden.

9. Flurplatten und Bilgen.

Im Ölkesselraum kann statt der Dampffeuerlöschanlage unter den Kesseln auch eine Berieselungsanlage der ganzen Bilge vorgesehen werden, die von einer außerhalb des Kesselraums liegenden Stelle in Betrieb genommen werden kann. Die Bilgen von Ölkesselräumen, Motorräumen und solchen Räumen, in denen Ölmotoren oder Öltanks stehen, sind hell zu streichen und mit elektrischer Beleuchtung zu versehen. Bilgen von Kessel- und Hilfskesselräumen dürfen keine Speigatten oder Ablaufrohre nach anderen Bilgen erhalten.

Zur besseren Übersicht werden Gitterroste an Stelle von Flurplatten empfohlen. Sind Flurplatten vorhanden, z. B. im Motor- oder Ölkesselraum, so sind in größerer Anzahl kleinere Flurplatten anzuordnen, die mit einem Handgriff ohne Werkzeug fortgenommen werden können, um einen Bilgenbrand sofort bekämpfen zu können. Flurplatten sind unter Kesseln, an der Außenhaut und sonstigen Stellen, wo sie irgendwie entbehrlich sind, zu vermeiden.

Ist Heißwassererzeugung vorhanden, so empfiehlt sich ein besonderer Anschluß zum Reinigen der Bilgen mit Heißwasser.

10. Ölfeuerung.

Die Verwendung elektrischer Zündvorrichtungen an Stelle von Fackeln wird empfohlen (s. § 28 UVV.).

11. Ölgräben.

Die Ölgräben dürfen nicht durch unübersichtliche Fundamente von Hilfsmaschinen verdeckt werden; sie sind so anzuordnen, daß eine leichte Reinigung der Gräben möglich ist.

12. Schweißanlagen.

Azetylenapparate oder Batterien von Stahlflaschen mit Sauerstoff und Azetylengas dürfen nicht in den Maschinen- und Kesselräumen und im Innern des Schiffes fest eingebaut werden. Die Aufstellung ist nur auf dem freien Oberdeck gestattet, von wo Rohrleitungen nach den einzelnen Räumen geführt werden können, an die dann Schläuche angeschlossen werden. Sauerstoff und Azetylen dürfen nicht in gleichen Räumen untergebracht werden.

13. Lüftung.

Künstliche Lüftung muß sich von einer auch im Brandfall sicher zugänglichen Stelle ausschalten lassen. Der Anschluß der Bilgen an die künstliche Lüftung wird empfohlen. Die Lüfter sind auf dem Oberdeck mit Schildern zu versehen, auf denen angegeben ist, zu welchen Räumen sie führen.

14. Handfeuerlöscher.

Für Brände an elektrischen Anlagen sind CO_2-Trockenfeuerlöscher an solchen Stellen anzubringen, an denen in erster Linie mit dem Ausbruch eines Feuers zu rechnen ist. Bei abgetrennten kleinen Ölkesselräumen müssen sie an der Ausgangstür hängen und nicht im Hintergrund dieses Raumes. Reservefüllungen sind je nach Länge der Reise und Zahl der Feuerlöscher vorzusehen.

15. Kohlensäure-Feuerlöschanlagen.

Die Verbindung der Kohlensäureflaschen mit dem Motor- oder Kesselraum muß für gewöhnlich unterbrochen und erst im Bedarfsfalle durch ein losnehmbares Rohr- oder Schlauchstück herzustellen sein. Beim oberen Eingang zu dem Motor- oder Kesselraum muß eine Feuerglocke mit einem Warnungsschild angebracht sein, um das Personal zu veranlassen, den Raum vor dem Anstellen der Kohlensäure zu verlassen. Im Flaschenraum ist ein Schild anzubringen: „Erst Lüftung des brennenden Raumes abstellen!"

16. Feuerlöschpumpen.

Die Pumpen sind so aufzustellen, daß bei Ausbruch eines Feuers in irgendeinem Raum des Schiffes, in dem Teile der Pumpenanlage stehen, Löschwasser in ausreichender Menge von anderer Stelle für die vorgeschriebenen 2—10 Wasserstrahlen zur Verfügung (s. A. 19) steht, d. h. die Pumpen sind stets in 2 voneinander durch wasserdichte oder Feuerschotte getrennten Räumen unterzubringen und mit unabhängigem Antrieb auszustatten. Auf Schiffen mit nur einem Hauptmotorenraum kann die zweite Pumpe ihren Antrieb von der Notdynamo erhalten.

17. Schläuche.

In dem Motor- und Ölkesselraum sind soviel Schlauchanschlüsse vorzusehen, daß jede Stelle mit Wasserstrahlen bestrichen werden kann. Die Länge der Schläuche soll 6 m nicht überschreiten. Als Strahlrohre sind solche mit fächerartiger Mündung oder Sprühstrahldüsen zu verwenden. Die Wasseranschlüsse sind möglichst an den Ausgängen der Motor- und Ölkesselräume und nötigenfalls auch inmitten der Räume in leicht zugänglicher Form so anzuordnen, daß sie bei einem Feuer sofort in Betrieb genommen werden können. Schläuche und Strahlrohre sind fest miteinander und mit den Wasserstutzen zu kuppeln (s. A. 19).

18. Schaumlöschanlagen.

Schaumgeneratoren (§ 75 h UVV.) sind nicht mitten im Motorraum oder Ölkesselraum anzuordnen, sondern an den Ausgängen dieser Räume, damit sie von hier aus bei Ausbruch eines Feuers noch in Betrieb genommen werden können. Die Versorgung mit Druckwasser muß von einer Stelle möglich sein, die nicht in dem Raum liegt, in dem das Feuer bekämpft werden soll. Der Vorrat an Schaumlöschpulver oder Schaum erzeugender Flüssigkeit ist so groß zu bemessen, daß die Grundfläche des Ölkesselraumes oder Motorraumes 15 cm hoch mit Schaum bedeckt werden kann.

C. Bauliche Änderungen.

Änderungen der baulichen Anlagen dürfen ohne Einverständnis der See-Berufsgenossenschaft nicht vorgenommen werden. Dies gilt besonders auch für kleine Änderungen, die die Feuersicherheit beeinträchtigen und die Gang-, Treppen- und Türverhältnisse verschieben. Daher müssen auch solche kleinen baulichen Änderungen der See-Berufsgenossenschaft gemeldet werden.

D. Erleichterungen.

1. Zu einzelnen Punkten der Abschnitte A. und B. können auf Antrag Schiffen Erleichterungen gewährt werden, wenn sie
    a) nicht mehr als 50 Fahrgäste befördern,
    b) nur in großer Küstenfahrt (beschränkter Auslandsfahrt) beschäftigt sind.

    Die Gewährung von Erleichterungen setzt voraus, daß in Anbetracht geringerer Gefahr die volle Anwendung der Richtlinien nicht vertretbar erscheint.

2. Die Richtlinien finden grundsätzlich auch auf vorhandene Fahrgastschiffe Anwendung. Bei ihnen ist jedoch von Fall zu Fall zu prüfen, inwieweit die volle Erfüllung der vorstehenden Anforderungen tunlich und vertretbar ist. Regelmäßig wird sich als notwendig erweisen die Anbringung von Feuertüren in den Treppenhäusern (s. A. 3 u. 4), die Isolierung von Küchenschornsteinen und -luftschächten (s. A. 10), der Einbau ausreichender Feuermeldeanlagen und die sichere Aufstellung der Notdynamoanlage auf Schiffen mit über 50 Fahrgästen (s. A. 20, B. 2), der Einbau von außen verschließbarer Oberlichter mit feuersicheren Glasscheiben über Ölbetriebsräumen (s. B. 4), die gefahrlose Unterbringung von Schweißanlagen (s. B. 12), die sichere Aufstellung von Feuerlöschpumpen (s. B. 14). In jedem Falle bedarf es einer ausdrücklichen Bewilligung etwaiger Abweichungen von den Richtlinien durch die See-Berufsgenossenschaft.

Die See-Berufsgenossenschaft.

Richtlinien
für die Ausführung von Feuerlösch-Übungen.

Einleitung.

Die im folgenden aufgestellten Richtlinien sollen keine erschöpfende Anweisung für die Vornahme von Feuerlöschübungen darstellen. Die Verhältnisse an Bord sind viel zu verschieden, als daß es möglich sein könnte, das, was für einen Fall Geltung besitzt, auch nur auf einen anderen Fall anzuwenden. Die Grundsätze können und sollen daher nur allgemein gehaltene Anweisungen sein und das Grundsätzliche einer Feuerlöschübung an Bord aufzeigen.

Übungen, die von der Schiffsleitung angesetzt und durchgeführt werden, haben einem doppelten Zweck zu dienen: 1. praktische Prüfung der gesamten Mannschaft und 2. Überholung der Feuerschutzeinrichtungen. Die Übungen werden daher im allgemeinen den Charakter regelmäßiger Manöver mit der gesamten Besatzung tragen müssen, ohne indes hierbei auf das Moment der Überraschung Verzicht zu leisten, denn nur so läßt sich die ständige Einsatzbereitschaft der Besatzung feststellen. Bei der Vornahme von Feuerlöschübungen durch einen technischen Aufsichtsbeamten der See-Berufsgenossenschaft soll dagegen das rein Schulmäßige mehr in den Hintergrund treten. Es muß dem technischen Aufsichtsbeamten auch überlassen bleiben, aus seiner eigenen Erfahrung, aus seiner Kenntnis der einzelnen Schiffstypen heraus und der hierdurch gegebenen Verschiedenheiten von Fall zu Fall die Besichtigung nach Möglichkeit so zu gestalten, daß sie den technischen Verhältnissen, wie sie bei einem Brande an Bord auftreten, möglichst weitgehend entsprechen. Der Besichtiger soll also bei einer Feuerschutzübung dem Schiff gewissermaßen eine Aufgabe stellen und den Grundgedanken der Übung angeben, um dann während des Ablaufs der Übung den Ausbildungsgrad der Besatzung festzustellen (Befragung der Besatzung) und herauszufühlen, auf welchen besonderen Gebieten des Feuerschutzes der Schiffsleitung Anregungen gegeben und Mängel in der Ausbildung der Besatzung beseitigt werden müssen.

Feuerlöschübungen in Fahrgast- und Besatzungswohnräumen und in Proviant-, Gepäck- und sonstigen Räumen.

Bei jeder Feuerlöschübung ist von vornherein grundlegend zu unterscheiden zwischen sogenanntem Klein-Feuer und Groß-Feuer. Bei der ersteren (Punkt 1—6 der hierunter folgenden Anweisungen) wird angenommen, daß sich das ausgebrochene Feuer bei geeigneten Gegenmaßnahmen sofort auf seinen Herd beschränken läßt, bei der zweiten, daß sich das ausgebrochene Feuer weiter entwickelt (Punkt 7—24) und eine Gefahr für das ganze Schiff darstellt, so daß von der Schiffsleitung entsprechende Gegenmaßnahmen zu treffen sind.

Eine **Feuerlöschübung**, die dem tatsächlichen Sachverhalt am nächsten kommt, wird also etwa in folgender Weise anzusetzen sein und ablaufen:

Ohne Feueralarm anzuschlagen und ohne vorheriges Antreten der Besatzung auf Feuerlöschstationen wird an einer beliebigen Stelle des Schiffes einem sich gerade dort befindlichen oder heranzuholenden Mann gesagt, daß angenommen wird, an dieser Stelle sei ein Feuer ausgebrochen. (Es empfiehlt sich, an der angenommenen Brandstelle ein Zeichen hinzulegen oder diese durch eine kleine Rauchbombe zu markieren und die Besatzung den Brand selbst entdecken zu lassen — (Vorsicht! im Hafen, damit nicht die Feuerwehr alarmiert wird.) Der betreffende Mann soll dann die im Ernstfalle vorzunehmenden erforderlichen Maßnahmen selbständig treffen, und zwar:

1. Versuch, das ausgebrochene Feuer mit einem Handfeuerlöscher (evtl. auch mit Decken oder dergleichen) abzulöschen unter gleichzeitiger, möglichst unauffälliger Benachrichtigung — um einer Panik vorzubeugen — von in der Nähe befindlichen Besatzungsmitgliedern.
2. Bleibt der erste Löschversuch erfolglos, d. h. läßt sich das Feuer nicht **schlagartig** löschen (vom Leiter der Übung anzugeben), so ist unter allen Umständen sofort die Brücke durch Feuermelder oder durch persönliche Meldung zu benachrichtigen, damit ohne Zeitverlust weitere Maßnahmen eingeleitet werden können.

Von den zu Hilfe kommenden Leuten sind gleichzeitig und bis zum Eintreffen der Brandleitung die folgenden Maßnahmen zu treffen:

3. Meldung an den nächsten Vorgesetzten (Ressortchef), falls dieser noch nicht an der Brandstelle ist; Heranholen von weiteren Handfeuerlöschern, von elektrischen Handlaternen und Zimmermannsgerät.
4. Sofortige Räumung der betreffenden Abteilung und Abriegeln der Abteilung (Schließen sämtlicher Fenster, Rauch- und Schotttüren und sonstiger Türen — falls dies nicht bereits automatisch erfolgt ist, unter allen Umständen auch sämtlicher Decktüren — Aufsicht: Offiziere oder Ressortchef).
5. Abstellen der künstlichen Lüftung in der gefährdeten Abteilung, falls dies nicht bereits automatisch erfolgt ist; Dichtsetzen vorhandener natürlicher Lüftungseinrichtungen (hierzu Feststellung, wann und durch wen die Maschine die Meldung erhalten hat).

6. Freimachen der Umgebung der Brandstelle bis zur vollen Übersicht.
7. Klarmachen der Feuerschläuche und Verlegung nach dem Brandherd, falls Rauchentwicklung dies noch zuläßt. Handelt es sich um einen Kammerbrand, der sich trotz der ersten Maßnahmen weiter entwickelt, so ist die Tür zu schließen, um Frischluft fernzuhalten und Rauchbelästigung zu vermindern, das Eintreffen des Feuerlöschtrupps ist abzuwarten. Die angrenzenden Räume sind in diesem Fall aufmerksam zu beobachten.

Zu 1 bis 7 sind entsprechende Fragen zu stellen:
Lage der nächsten Handfeuerlöscher, Feuermelder, Wasserpfosten (Hydranten), Art der Bedienung der Handfeuerlöscher, Art der Bekämpfung (bei Kabelbränden kein Wasser, Feuer von unten her ablöschen, Möglichkeit des Entkommens aus einer brennenden Abteilung durch Kriechen (Atemluft meistens noch dicht über Boden — 15—20 cm — vorhanden. Kohlenoxydgefahr. Vertrautsein mit den verschiedenen Alarmsignalen — Glocken, Dampf- und Luftpfeifensignal, Gong —, die Handfeuerlöscher und Schläuche sind zu prüfen und deren sofortige Verwendungsmöglichkeit festzustellen (Abspritzen eines Löschers, glattes Abrollen der Schläuche, Passen der Schlauch- und Strahlrohrkupplung — hierfür Schläuche und Strahlrohre verschiedener Stationen benutzen, Prüfung der Kupplungsdichtungen). In einem Ernstfall ist jedes Feuer, auch das kleinste, auch nach erfolgter Ablöschung sofort zu melden, damit noch etwa vorhandene Glimmherde festgestellt werden können. **Elektrische Leitungen dürfen nach einem Ernstfall nur nach vorheriger Prüfung und erst auf Anweisung des leitenden Ingenieurs wieder eingeschaltet werden.** Vorsicht auch beim Wiederanstellen der Lüftung (verborgene Glimmherde).

Nachdem weitere Hilfskräfte zur Stelle sind, ist die Vornahme folgender Maßnahmen zu überprüfen:
8. Nochmalige Überholung der Kammern der gefährdeten Abteilung (evtl. noch schlafende Fahrgäste, Kinder) sowie sämtlicher Fenster und Türen unter Aufsicht der Brandleitung.
9. Heranschaffen von Reserveschläuchen, Strahlrohren und dergl.

In diesem Stadium kann, wenn bereits ein an Bord vorhandener Feuerlöschtrupp zur Stelle ist, die Übung abgebrochen werden, falls der Besichtiger die Überzeugung gewonnen hat, daß die Besatzung mit der Handhabung der Abwehrmittel hinreichend vertraut ist. Wenn irgend angängig, sollte aber noch der Druck der Feuerlöschleitung geprüft werden (Schlauch mit Strahlrohr). Das bisher mittätige Bedienungs- und sonstige Personal kann nunmehr entlassen und die

Übung allein mit dem Feuerlöschtrupp fortgesetzt werden. Die Mitglieder eines Feuerlöschtrupps sind einzeln nach ihren Funktionen zu befragen. Die Atemschutzgeräte (Frischluft- oder Sauerstoffgerät) und das Geleuchte sind zu prüfen.

Verständigungszeichen:

 eins — Pause — eins: "Alles wohl?" "Alles wohl!"
 zwei — Pause — zwei: "Zurückkommen" als Befehl und "Komme zurück!"
 drei — Pause — drei: "Wasser — Marsch" bzw. "Wasser — Halt".

Andauerndes Rucken: "Gefahr! Brauche Hilfe!"

(Das Signal "Wasser — Marsch" ist erforderlich, da unter Druck stehende Schläuche sich nur schwer verlegen lassen. Als Sicherheitsleine sollte möglichst nur ein dünnes, biegsames Stahlseil verwendet werden.)

Filtergeräte (Gasmasken) sind **keine Rauchschutzgeräte.** Gefahr der CO (Kohlenoxyd)-Vergiftung. Ihre Verwendung, selbst mit Spezialfilter F, an einer Brandstelle ist unzulässig. Sie dürfen nur bei Verqualmung auf einem freien Deck benutzt werden, evtl. auch unter Deck, dann aber nur von **völlig geschulten** Leuten und auch nur für kurze Zeit (Zubringen von Schläuchen und Material, Absuchen von Kammern, kurze Kontrollen — Offiziere —).

Wird dagegen ein erfolgtes weiteres Umsichgreifen des Feuers angenommen, so erklärt der Besichtiger bzw. der die Übung leitende Offizier die betreffende Abteilung für verqualmt. Gleichzeitig wird sämtliches Licht — um die Verqualmung sinnfälliger zu machen — und die gesamte Lüftung abgeschaltet.

Nunmehr werden folgende Maßnahmen erforderlich:

10. Allgemeiner Feueralarm nach der Feuerrolle.
11. Einsatz des Atemschutzgeräts.
12. Räumung der gefährdeten Abteilung (sämtliche Leute verlassen die Abteilung unter gegenseitigem Zuruf).
13. Einsatz weiterer Feuerlöschschläuche.
14. Heranschaffen weiterer Atemschutzgeräte.
15. Meldung an Brücke und Maschine zwecks erhöhter Bereitschaft.
16. Den Umständen entsprechend Anpassung von Fahrt und Kurs des Schiffes an die Windrichtung, um jeden Zug möglichst auszuschalten.
17. Bereithalten von Leuten für die Beruhigung von Fahrgästen.
18. Vorbereitung zur Räumung der angrenzenden Abteilungen.

Die Art der Durchführung dieser letzteren Maßnahmen ist durch Befragen festzustellen und die Übung als solche dann zu beenden. Es ist aus Schulungsgründen unbedingt erwünscht, sofort nach Abschluß der Übung allen Teilnehmern die gestellten Aufgaben und die wichtigsten Übungsergebnisse in geeigneter Form mitzuteilen.

Nach Beendigung der eigentlichen Übung ist eine Prüfung und Überholung der Signaleinrichtungen (Rauch- und Feuermeldeanlage), der Feuer- und Schottüren vorzunehmen. Anschließend soll von dem Besichtiger möglichst Gelegenheit genommen werden, die vorhergegangene Übung mit der Schiffsleitung eingehend zu besprechen. Da indes Feuerschutzübungen, die unter Aufsicht eines Besichtigers vorgenommen werden, in den allermeisten Fällen in einem Hafen stattfinden unter zum Teil anderen Verhältnissen als auf See (Fortfallen eines allgemeinen Wachdienstes, Reparaturen und Herrichtungsarbeiten, Urlauber, neue Leute), so muß bei der Gesamtbeurteilung der Übung (Ausbildungsgrad der Besatzung, Bereitschaft der Abwehrmittel) auf diesen Umstand Rücksicht genommen werden. Auf die weiteren im Ernstfalle notwendigen Maßnahmen im Anschluß an Punkt 18 dieser Richtlinien ist die Schiffsleitung gegebenenfalls in geeigneter Weise hinzuweisen, da diese bei einer „Übung" nicht praktisch ausgeführt werden können. Die von der Schiffsleitung bei drohender Gefahr des Übergreifens des Feuers auch auf andere Abteilungen noch als unbedingt erforderlich durchzuführenden Maßnahmen sind:

19. Räumung der angrenzenden Abteilungen von allen an der Brandbekämpfung nicht unmittelbar beteiligten Leuten. Solange ein Durchbruch des Feuers nicht erfolgt, kann in diesen Abteilungen vorhandene künstliche Belüftung wieder angestellt werden, um eine Behinderung der Löschkräfte durch Rauch und Gase zu vermeiden.
20. Alarmbereitschaft der gesamten Besatzung.
21. Einsatz sämtlicher verfügbaren Kräfte (Fortschaffen von brennbarem Inventar, Ablösen von erschöpften Leuten).
22. Energische Inangriffnahme des Schutzes bedrohter Abteilungen, vornehmlich der in Feuerlee befindlichen.
23. Abgabe des Dringlichkeitszeichens.
24. Sammeln der Fahrgäste auf den Alarmplätzen.

Feuerschutzübungen in Ölkessel- und Motorräumen sowie in Dampfmaschinenräumen, in denen Dieselmotoren stehen.

1. Weiß das Heizraumpersonal, für welchen Zweck die Sandkiste vorhanden ist?
2. Kennt das Heizraumpersonal die Handhabung der Schaumhandfeuerlöscher und evtl. anderer im Kesselraum vorhandener Handfeuerlöscher?

3. Ist auch das gesamte übrige Maschinenraumpersonal mit der Bedienung aller vorhandenen Handfeuerlöscher vertraut?
   Zu 1—3: Handfeuerlöscher prüfen und den ältesten in Gegenwart von möglichst vielen Leuten durch einen Mann abspritzen lassen. Feststellen, welche Fehler gemacht werden; Hinweis hierauf.

4. Wo wird der Feuerlöschdampf für die Bilge unter den Kesseln angestellt? Welche Zeit ist erforderlich, um das Ventil zu betätigen?
   Probeweise etwas Dampf abblasen.

5. Handhabung des Schaumgenerators? Welche Zeit ist erforderlich, um das Wasserventil zu betätigen, Pulver heranzuschaffen, Dose zu öffnen klar zum Einschütten? Ist das Pulver noch gut und nicht klumpig?

6. Sind die Ingenieure mit der Bedienung des Schaumgenerators vertraut, wenn nicht, müssen eine oder zwei Dosen zur Probe verbraucht werden. Wenn das Abspritzen in den Räumen nicht möglich ist, Generator an Deck setzen und zur Probe Schaum spritzen.

7. Sind die Ingenieure mit der Bedienung der CO_2-Feuerlöschanlage vertraut? Welche Zeit ist erforderlich, um die unterbrochene Rohrleitung von der CO_2-Batterie zum Motor- oder Kesselraum herzustellen und das Ventil zu betätigen? Welche sonstigen Maßnahmen sind vor Anstellen der CO_2-Anlage zu treffen?
   a) evtl. künstliche Lüftung abstellen und Ventilatoren dichtsetzen, wenigstens aber aus dem Wind drehen;
   b) Oberlichter, Tunneltüren und sonstige Türen schließen;
   c) Glockensignal zum Verlassen des Raumes geben.
   Wie oft werden die Flaschen zur Kontrolle gewogen? (Einmal jährlich ist erforderlich.) Ist eine Kontrollkarte vorhanden, oder wie sind die Kontrollen vermerkt?

8. In welcher Zeit kann die Notdynamo in Betrieb genommen werden? Steht sie im Maschinenraum oder getrennt davon?

9. Wieviel Leute sind mit der Handhabung des Rauchhelms, des Selbstsaugers (falls vorhanden), des Sauerstoffgerätes, des Proxylengerätes und der Gasmasken vertraut? Falls kürzlich das Sauerstoff- oder Proxylengerät nicht in Betrieb gewesen ist, muß sofort eine Übung vorgenommen werden (neue Patrone!). Bei Gasmasken ist darauf hinzuweisen, daß sie nur als Filter wirken und daher nur bei Ammoniak-Kühlmaschinen (Filter K grün) benutzt werden dürfen. Niemals bei Verqualmungen **unter Deck**.

Ergibt die Besichtigung, daß nicht alle Leute mit allen Einrichtungen vertraut sind, so ist sie nach kurzer Zeit zu wiederholen.

Die obigen Richtlinien, die vornehmlich für die Ausführung von Feuerschutzübungen auf Fahrgastschiffen bestimmt sind, finden sinngemäß Anwendung auch für solche auf Frachtschiffen.

Die Richtlinien sind, wie gesagt, keine für alle Fälle gültigen Anweisungen für die Ausführung von Feuerschutzübungen an Bord und sollen es auch nicht sein, damit der Besichtiger innerhalb des Rahmens der Richtlinien die Vornahme der Übungen nach seinen persönlichen Erfahrungen und in Anpassung an die durch die Verschiedenheit der Schiffstypen gegebenen jeweiligen besonderen Verhältnisse gestalten kann. Ein direktes Eingreifen des Besichtigers in den Ablauf der Übung soll indes vermieden werden. Durch das Treffen von Anordnungen verliert der Besichtiger den Charakter eines solchen und wird selbst zum Leiter der Übung. Dadurch erschwert er sich eine objektive Urteilsbildung bezüglich des Ausbildungsstandes der Besatzung. Offensichtliche Fehler müssen natürlich sofort als solche bezeichnet und auch möglichst sofort kurz besprochen werden. Im Anschluß an jede Übung ist diese zweckmäßig mit der Schiffs-(Brand-)leitung eingehend und sachlich zu besprechen mit dem allgemeinen Ziel, das Feuerschutzwesen an Bord deutscher Schiffe zu fördern.

Brandbomben.

Im Gegensatz zu allen übrigen Bombenarten haben Brandbomben ein geringes Gewicht; es liegt etwa zwischen 0,5 und 10 kg, vornehmlich jedoch von 1—3 kg. Sie können daher durch Flugzeuge in großen Mengen mitgeführt und im Massenabwurf auf Städte, Wälder, Schiffe usw. herabgestreut werden. Eine Brandbombe mittlerer Größe kann das oberste Eisendeck des Schiffes durchschlagen und brennt dann in dem darunter liegenden Raum unter starker örtlich begrenzter Wärmeentwicklung ab. Dabei können Funkenregen und Verpuffungen unter gleichzeitiger Entwicklung von Rauch, Reizgasen usw. auftreten. Diese Beigaben sollen lediglich die Annäherung und das Ablöschen einer Brandbombe erschweren. Der Inhalt der Brandbomben besteht vielfach **aus Thermit**, teilweise mit Elektroneinlagen oder aus Phosphor.

Festes Holzwerk (Balken, Holzwände, Fußböden) gerät nur unter besonderen Voraussetzungen in Brand. Pflanzliche Faserstoffe(Jute, Baumwolle, Flachs, Hanf) und alle sonstigen leicht entzündlichen Gegenstände werden augenblicklich entzündet. Brennt demnach eine Brandbombe in einem Laderaum ab, der z. B. mit irgendwelchen in Jutesäcken verpackten Gütern gefüllt ist, so entsteht sofort ein Landungs=

brand. Bei Stückgütern ist die Entzündungsgefahr wesentlich geringer. Erfolgt das Abbrennen der Brandbombe in den Aufbauten, so ist nur dann mit einer sofortigen Brandentwicklung zu rechnen, wenn Vorhänge, Dekorationsstoffe, Polstermöbel und dergl. unmittelbar im Bereich der Brandbombe liegen.

In allen Fällen muß die Brandbekämpfung sofort und ohne Rücksicht auf die Brandbombe einsetzen. Das beste und sicherste Löschmittel ist Wasser, aus einem Strahlrohr auf die Brandbombe und die äußere Umgebung gebracht. Selbst wenn das Abbrennen der Brandbombe dadurch nicht gehemmt wird, so wird in jedem Fall die Nachbarschaft der Brandbombe überschwemmt und durchfeuchtet und damit die Gefahr der Brandausdehnung beseitigt. Es ist also wichtiger und leichter, die Umgebung der Brandbombe vor der Entzündung zu schützen als die Brandbombe selbst abzulöschen.

„Erste Hilfe"
bei Unglücks- und Erkrankungsfällen
bis zum Eintreffen des Arztes.

Wie jeder Feuerwehrmann an Land dazu berufen ist, bei Unglücks- und Erkrankungsfällen bis zum Eintreffen eines Arztes die erste Hilfe zu leisten, so muß auch der Feuerschutzmann an Bord es mit als seine Pflicht und als Teil seiner Aufgabe ansehen, vorkommendenfalls die erforderlichen Maßnahmen selbständig treffen zu können. Zur Durchführung dieser Aufgabe und zu seiner Unterrichtung sind daher nachstehend die wichtigsten Anweisungen für die „Erste Hilfe" gegeben, mit denen jeder verantwortungsbewußte Feuerschutzmann als Helfer seiner Bordkameraden unbedingt vertraut sein muß.

Abstürze: Folgen meist sehr schwer. Bewußtlosigkeit bei Schädelbrüchen und Gehirnerschütterungen (bei Gehirnerschütterungen vielfach auch Erbrechen), Lähmung der unteren Extremitäten bei Verletzungen der Wirbelsäule, Blutungen aus Lunge (helles Blut) und Magen (dunkles Blut) bei inneren Verletzungen (Risse, Rippenbrüche). Bei Arm- und Beinbrüchen Bewußtsein gewöhnlich erhalten, komplizierte Knochenbrüche wie Wunden behandeln. In allen Fällen bequeme und ruhige Lagerung. Möglichst sofort Arzt hinzuziehen, im Hafen Unfalldienst (Feuerwehr) herbeirufen. Wenn Arzt bezw. Unfalldienst in kurzer Zeit zur Stelle sein können, Transport nicht selbständig vornehmen, jedoch alles für Transport vorbereiten. Sonst Transport nur mit größter Vorsicht vornehmen, feste Lagerung bei Knochenbrüchen (Kissen usw.), falls vor Transport keine Schienen angelegt werden. Bei Verletzungen der Wirbelsäule Verletzten in möglichst unveränderter Lage transportieren.

Augenverletzung: Beide Augen — auch das unverletzte — zubinden. Bei Verätzungen (Kalk, Säure, Ammoniak) das Auge sofort mit viel Wasser, Olivenöl oder Milch ausspülen. Schnellstens Einweisung in Augenklinik oder zum Augenarzt.

Blitzschlag- und Starkstromeinwirkung: Bei Atemstillstand **sofort** künstliche Atmung an Ort und Stelle. Hautreize, kaltes Wasser.

Blutbrechen und Bluthusten: Ruhig hinlegen, kalte Umschläge auf die Brust.

Blutungen und Wundbehandlungen: Nur bei spritzenden Schlagaderblutungen Abbinden des Gliedes. Sonst Hochlagerung und Auflegen von Verbandspäckchen, Verbandgaze oder Dermatolgaze. Watte darüber. Fester Verband. Keine blutstillende Watte in die Wunde legen. Kein Auswaschen der Wunde. Wenn vorhanden, Wundränder und Wundumgebung mit 5 prozentiger Jodtinktur pinseln.

Brandwunden: Brandbinden auflegen, darüber Watte und Verband. Nie feucht verbinden.

Brüche: Ruhigstellung des Gliedes durch Schienung (Kramerschiene, Holzbrettchen, starke Pappe usw.). Bequeme Lagerung des gebrochenen Gliedes, vorsichtiger Transport auf Trage oder Behelfstrage.

Ertrunkene: Kleidungsstücke entfernen. Sofort den Mund öffnen. Schlamm entfernen und Zunge hervorholen. Wasser aus den Lungen ablaufen lassen durch Anheben des Unterkörpers bei tiefliegendem Kopf. Künstliche Atmung, Hautreize (Rumpf und Gliedmaßen mit Spiritus, Franzbranntwein u. dergl. abreiben, Handflächen und Fußsohlen bürsten).

Ersticken durch schädliche Gase (Leuchtgas, Kohlendunst, Grubengas, Schwefelwasserstoffgas): Fenster öffnen, den Patienten ins Freie bringen, künstliche Atmung. Sauerstoff einatmen, Hautreize, wach halten.

Frostbeulen bestreicht man mit Fischtran und pulverisierter weißer Kreide. Die erkrankte Stelle wird dann mit einem dünnen leinenen Läppchen verbunden. Vorbeugungsmittel: Einreiben mit Niveacrem und ähnlichen Salben oder gutem Hautfunktionsöl.

Gehirnerschütterungen: Ruhig hinlegen, Eisumschläge auf den Kopf.

Insektenstiche: Die gestochene Stelle sofort mit Salmiakgeist betupfen.

Krämpfe: Durch günstige Lagerung des Kranken dafür sorgen, daß Selbstverletzung ausgeschlossen ist. Bei Epileptikern Zungenbiß verhüten durch Holzstückchen, das zwischen die Zähne geschoben wird.

Nasenbluten: Kopf hochlegen, kalte Kompressen in den Nacken, Aufschnauben von kaltem Wasser, Andrücken des Nasenflügels gegen die Nasenscheidewand. Festen Wattepfropfen in das blutende Nasenloch schieben.

Ohnmachten: Tieflagerung des Kopfes. Öffnen beengender Kleidungsstücke, frische Luft, mit kaltem Wasser besprengen, Hautreize.

Quetschungen: Ohne Hautverletzungen feuchter Verband, sonst wie bei Wunden. Bei größeren Körperquetschungen (meist Bewußtlosigkeit) vorsichtiger Transport, ärztliche Hilfe erforderlich.

Schlaganfälle: Hochlagerung des Kopfes. Eisumschläge auf den Kopf, für körperliche und geistige Ruhe sorgen. Bei Atemnot: Zunge mit dem Taschentuch fassen und hervorziehen.

Schlucken begegnet man durch Einnehmen eines mit Essig beträufelten Stückchen Zuckers.

Sonnenstich, Hitzschlag: Kleidung öffnen. An schattigen, luftigen Ort lagern. Bei blau=rotem Gesicht Kopf hochlagern, bei blassem Gesicht Kopf tief lagern, mit kühlem Wasser besprengen, künstliche Atmung.

Vergiftungen: Erbrechen erregen, viel Flüssigkeit trinken, am besten Milch (außer bei Kupfer= oder Phosphorvergiftungen). Einige Löffel voll Tierkohle einnehmen.

Verrenkungen: Kalte Umschläge auf das schmerzende Gelenk. Einrichtung des verrenkten Gliedes bleibt lediglich dem Arzt überlassen.

Verschluckte Gräten werden ganz heruntergespült, wenn man sofort etwas Essig trinkt. Dadurch wird die Gräte weich und biegsam.

Wadenkrämpfe: Durch einfaches Reiben der Muskeln oder Beugen des Fußes wird das Übel meist beseitigt. Sonst aber macht man warme Umschläge oder reibt die Waden mit Kampferspiritus ein.

Belebungsmittel.

Belebungsmittel wie starker Kaffee, Alkohol usw. dürfen bei Bewußtlosigkeit und bei inneren Verletzungen nicht gegeben werden. Im übrigen bestehen keine Beschränkungen, ein Übermaß ist jedoch zu vermeiden.

Künstliche Atmung.

Den Bewußtlosen auf den Rücken flach lagern. Den Kopf stark zur Seite drehen, unter die Schulterblätter eine Rolle aus Kleidungsstücken legen.

Der Helfer kniet hinter dem Kopf des Verunglückten, das Gesicht diesem zugewendet, faßt beide Arme von innen dicht oberhalb der Ellenbogen und führt sie langsam über den Kopf bis zum Boden (Einatmung), nach 2 Sekunden Pause (zähle einundzwanzig, zweiundzwanzig) umfaßt der Helfer die Unterarme von außen dicht unterhalb der Ellenbogen, führt sie in derselben Weise vorn auf den Brustkorb zurück und drückt ihn kräftig von vorn und den Seiten zusammen (Ausatmung). Dieser Vorgang (Ein= und Ausatmung) wiederholt sich etwa acht bis zehn Mal in der Minute. Bei Verletzung des Brustkorbes, der Schultern oder Arme Atmung durch abwechselndes Zusammendrücken und Wiederloslassen der untersten Rippen und oberen Bauchgegend herbeiführen. Dieses ebenfalls acht bis zehn Mal in der Minute wiederholen. Die Bemühungen müssen solange fortgesetzt werden (unter Umständen mehrere Stunden) bis entweder Erfolg eingetreten ist oder der Tod einwandfrei (ggf. durch einen Arzt) festgestellt ist.

Anzeigen=Anhang

ALFOL-ISOLIERUNG

DRP. und Auslandspatente

als Feuerschutz: Feuerschotte
als Wärmeschutz: Kesselschächte
als Kälteschutz:
   Proviant- und Ladekühlräume
als Schallschutz:
   Maschinenschächte, Kabinen

ALFOL-DYCKERHOFF GMBH HANNOVER

Generalvertretung und Ausführung Wasserkante:
Hamburg, Bremen, Kiel, Lübeck und Rostock

KARL LÖHER, HAMBURG, Glockengießerwall 18

AUER GASMASKEN U. SAUERSTOFFGERÄTE FÜR ARBEIT, RETTUNG U. WIEDERBELEBUNG

AUERGESELLSCHAFT A.-G. / BERLIN N 65

PEBETRA-
Handfeuerlöscher

Naß-, Tetra-Schaum

für alle Verwendungszwecke, speziell für die Schiffahrt!

Vorschriftsmäßig u. zuverlässig!

Hersteller:

J. H. Peters & Bey - Gegr. 1881

Metallwaren und Schiffsausrüstungen

Hamburg 11   Karpfangerstr. 10/14

MIX & GENEST

FERNSPRECH- UND SIGNAL-ANLAGEN FÜR SCHIFFSZWECKE

FEUERMELDEANLAGEN · SELBSTTÄTIGE FEUERMELDER · BUNKERMELDER

MIX & GENEST AG · BERLIN-SCHÖNEBERG · MARINE ABTEILG.

Magirus= Feuerwehrgeräte

modernster Feuerschutz an Land u. auf See

"Schaumgeist" Luftschaumextrakt

von Dr. Stahmer

für Luftschaumrohre und Luftschaumkübelspritzen

gibt gleichzeitig Wasserstrahl u. Wasserschleier, schützt den Strahlrohrführer vor Hitze und Rauch

Düse

General-Vertreter:

Max A. Lewerenz, Hamburg 1

Steinstraße 13 · Ruf: 32 76 05

Extingo
Handfeuerlöscher
mit Spritzschlauch
Auch von der Seeberufsgenossenschaft zugelassen

TRAUGOTT GOLDE A.G.
GERA

Feuerlöschschläuche
roh und gummiert

Spiralsaug- und Druckschläuche
„Hercynia"

Wilh. Kux Nachfolger, Halberstadt (Harz)

Gegründet 1856 — Telefon 2306/2307

Cellon=Feuerschutz

macht Stoffe u. Gewebe, Holz u. Sperrholz schwerbrennbar

Vieljährig bewährt — Behördlich zugelassen

Spez.: Unbrennbare Holz= u. Metall=Lacke

CELLON=WERKE G.M.B.H.
BERLIN=WAIDMANNSLUST — ORANIENDAMM 5—9

KOMET - TOTAL - LUFTSCHAUM - ANLAGE
ortsfest, löschte obigen Tank (263 m² brennendes Benzin) mit einem KOMET-Rohr V
(Leistung 5 m³/min.) in 2 Min. 11 Sek.

TOTAL-Kohlensäure-Trockenlöscher
POLAR-TOTAL-Kohlensäure-Schneelöscher
KOMET-TOTAL-Luftschaum-Rohre

Handfeuerlöscher — fahrbare Geräte — ortsfeste Anlagen

TOTAL
Kom.-Ges.
Foerstner & Co.
Apolda/Thür.
Berlin-Charlottenburg 2, Guerickestr. 21
Ruf: 30 0331

Tragbare
Fischer-Kraftspritzen „Retterin"

Din Fen 560

Zweirädrige Beförderungswagen — offen und geschlossen
zum Anhängen an Kraftfahrzeuge und für Handzug
„Fischer" - Kraftfahrspritzen und -Mannschaftswagen

G. A. Fischer, Görlitz, Feuerwehrgerätefabrik
Gegründet 1864

Sander-Leinenschießpistole
Deutsches Reichspatent und Auslandspatente

Das **bei Rettungen aus Seenot** unter den schlechtesten Wetterverhältnissen in vielen Fällen **praktisch erprobte** Gerät stellt **schnell und sicher Leinenverbindungen** her. 4 Größen für Schußweiten von 75—320 m.

Von der Seeberufsgenossenschaft für den Gebrauch auf Seeschiffen zugelassen. Auf den größten und modernsten Schiffen der deutschen Flotte und den Stationen der Deutschen Gesellschaft zur Rettung Schiffbrüchiger in Gebrauch.

Verlangen Sie Angebot und weitere Aufklärung.

DONAR G.m.b.H. für Apparatebau, Wesermünde-Wulsdorf

HANSA

Handfeuerlöscher aller Typen (Naß-, Trocken-, Schaum-, Kohlensäure-Löscher) / Kübelspritzen / Luftschutzgeräte / Explosionssichere Gefäße / Tankanlagen

Hansa Feuerlöschanlagen u. Apparatebau
Arthur Schwepcke

Hamburg 24, Rossausweg 50   Telefon 25 53 97

Feuerschutz-Anstriche und Imprägnierungen

farbig und farblos für Holz und Stoffe

Seit 10 Jahren bewährt

Ministeriell zugelassen und durch die See-Berufsgenossenschaft begutachtet / Kostenlose Beratung u. Aufklärungsschrift **Feu K 13** von der Alleinherstellerin

Paratect-Gesellschaft Borsdorf/Lpzg.

DRÄGER
ATEMSCHUTZ
des Bergmannes
des Hüttenmannes
des Feuerwehrmannes
des Sanitätsmannes

Drägerwerk Lübeck

Zweigstellen: Berlin W 35, Lützowufer 19a — Essen (Ruhr), Kaupenstr. 42—42a — Beuthen (O.-S.), Bahnhofstr. 33 — Nürnberg, Zufuhrstr. 15

Hand-Feuerlöscher für alle Verwendungszwecke.

RADIKAL löscht radikal

RADIKAL-WERK G.M.B.H., STUTTGART-OBERTÜRKHEIM

Luftschaum-Aggregate

bis zu 30 000 Liter Minutenleistung

in jeder gewünschten Ausführung

stationäre **Wasser-Feuerlösch-Anlagen**

trag- und fahrbare **Motorspritzen**

E. C. Flader

Fabrik moderner Feuerlöschgeräte

Jöhstadt/Sa.

Anfragen erbeten

Feuerschutzfarbe

(farblos u. farbig)

Staatlich geprüft u. behördlich zugelassen

Alleiniger Hersteller

Dr. Schröder & Co. Industrie Gesellschaft m. b. H., Hamburg 39

Krohnskamp 2 - Ruf: 52 23 69 u. 07 45

Verantwortlich für Anzeigenteil: Gustav Schroedter, Hamburg. MA 1300.
Vom Werberate genehmigt. Nr. 8382.